*Ο Σκανταλιάρης, ο Φίφο,
η νεράιδα Ροδοδάχτυλη,
ο Βροντερός Γίγαντας, ο Αερικός
Μάγος, ο Ραβελίνι είναι μερικοί μόνο
από τους πάμπολλους ήρωες που
υπάρχουν στα θαυμάσια βιβλία
της Ένιντ Μπλάιτον.*

Η συγγραφέας αυτών των βιβλίων, αλλά και πολλών άλλων ακόμα που έχουν ενθουσιάσει εκατομμύρια παιδιά σε ολόκληρο τον κόσμο, είναι ένα θαυμάσιο παράδειγμα του τι μπορεί να δημιουργήσει ένα εφευρετικό μυαλό και μια πλούσια φαντασία.

Απολαύστε τα

Όμορφες Ιστορίες και Παραμύθια
από την Ένιντ Μπλάιτον

ΤΟ ΠΡΩΤΟ ΠΡΑΣΙΝΟ ΒΙΒΛΙΟ ΜΕ ΤΑ ΞΩΤΙΚΑ
ΤΟ ΒΙΒΛΙΟ ΜΕ ΤΙΣ ΝΕΡΑ·Ι·ΔΕΣ
ΟΙ ΠΕΡΙΠΕΤΕΙΕΣ ΤΟΥ ΣΚΑΝΤΑΛΙΑΡΗ
ΤΟ ΤΣΙΡΚΟ ΕΡΧΕΤΑΙ
ΧΡΙΣΤΟΥΓΕΝΝΑ ΜΕ ΤΗΝ ΟΙΚΟΓΕΝΕΙΑ

Μερικά Μόνο Από Τα βιβλία
Της Ένιντ Μπλάιτον

Ψηλά πάνω στο Μακρινό Δέντρο

Το κρυμμένο περιδέραιο

Ένα παράξενο ρουμπίνι

Το πιο άτακτο κορίτσι στο σχολείο

Όμορφες μέρες στο Τσίρκο

Ιστορίες του Τσίρκου

Τα τέσσερα ξαδέλφια

Μια οικογένεια σε τροχόσπιτο

Μια οικογένεια στην ακροθαλασσιά

Τα παιδιά στο κτήμα με τις κερασιές

Τα παιδιά στο κτήμα με τις ιτιές

και πολλά πολλά άλλα

Το πρώτο πράσινο βιβλίο με τα ξωτικά

Ένιντ Μπλάιτον

Μετάφραση
Μίρκα Κονδάκη

Εικονογράφηση
Paul Crompton

ΕΚΔΟΣΕΙΣ ΨΥΧΟΓΙΟΣ

Τίτλος πρωτοτύπου:
THE FIRST GREEN GOBLIN BOOK
Από τις εκδόσεις Red Fox, Λονδίνο
Τίτλος βιβλίου:
ΤΟ ΠΡΩΤΟ ΠΡΑΣΙΝΟ ΒΙΒΛΙΟ ΜΕ ΤΑ ΞΩΤΙΚΑ
Συγγραφέας:
Enid Blyton
Μετάφραση:
Μίρκα Κονδάκη
Εικονογράφηση:
Paul Crompton
Στοιχειοθεσία:
Μ. Λεοντακιανάκος
Εκτύπωση:
Δ. Τουμαζάτος

Πρώτη έκδοση: Ιούνιος 1996

ISBN 960-274-130-9

ΕΚΔΟΣΕΙΣ ΨΥΧΟΓΙΟΣ Α.Ε.
Μαυρομιχάλη 1
Αθήνα 106 79
Τηλ. 3602535 - 3618654
Telefax: 01/3640683

PSICHOGIOS PUBLICATIONS S.A.
1, Mavromichali Str.
106 79 Athens GREECE
Tel. 01 / 3602535 - 3618654
Telefax: 01 / 3640683

Περιεχόμενα

Πώς Γνωρίστηκαν Ο Φίφο, Ο Τάπενι Κι Ο Τζινκς

ΜΙΑ ΦΟΡΑ κι έναν καιρό, ένα ζεστό ηλιόλουστο απομεσήμερο, ένα μικρό πράσινο ξωτικό καθόταν σ' ένα πεζούλι κι έκλαιγε δυνατά. Ήταν ένα μικρό στρογγυλούτσικο πλασματάκι, ντυμένο με πράσινο μανδύα, σφιχτές κίτρινες κάλτσες, μυτερά πράσινα παπούτσια και μυτερό πράσινο καπέλο που 'χε ένα κίτρινο φτερό πάνω του. Τα μάτια του ήταν πράσινα σαν τη χλόη και η μύτη του σαν ένα στρογγυλό κουμπί.

—Ου-ουου! έκλαιγε. Είναι τρομερό, τρομερό!

Πίσω του, από την άλλη μεριά του χωραφιού, ερχόταν ένα άλλο ξωτικό ντυμένο με τον ίδιο ακριβώς τρόπο. Ήταν ψηλό και αδύνατο κι η μύτη του ήταν μακριά και στραβή. Τα μάτια του έλαμπαν σαν τα πράσινα θαλασσινά νερά. Όταν άκουσε το πρώτο ξωτικό να ουρλιάζει, στάθηκε κατάπληκτο.

—Τι τρέχει; ρώτησε χτυπώντας το δακρυσμένο ξωτικό στην πλάτη.

—Ωωω! Μη! είπε το μικρό πλασματάκι ζαρώνοντας. Γαργαλιέμαι και θα με κάνεις να γελάσω.

—Ε, καλά, γέλα λοιπόν! είπε το ψιλόλιγνο ξωτικό και το ξανασκούντησε.

—Δε θέλω, είπε το άλλο. Θέλω να κλάψω. Ου-ουου!

—Γιατί; ρώτησε το ψηλό ξωτικό.

—Άκου, είπε ο μικρός, με διώξανε από τη σπηλιά μου στους Πράσινους Λόφους, όπου ζούσα με την παρέα μου. Είπανε, οι κακοί, πως είμαι τεμπέλης και πως δεν έκανα το μερίδιό μου στη δουλειά!

—Αλήθεια δούλευες; ρώτησε το ψηλό ξωτικό.

—Ναι, και πολύ σκληρά μάλιστα, αλλά όχι όσο οι άλλοι. Εκείνοι έσκαβαν όλη μέρα στις κρύες σκοτεινές σπηλιές ψάχνοντας για χρυσάφι και πολύτιμες πέτρες. Εγώ αγαπούσα τη λιακάδα, έτσι πήγαινα κι έσκαβα σ' ένα μικρό κήπο που είχα για να φυτέψω λουλούδια, να μεγαλώσουν και ν' ακούω τα πουλιά να κελαηδάνε. Δεν ήθελα να γίνω πλούσιος. Μα ούτε κι ήθελα να με διώξουν από τη μικρή όμορφη σπηλιά μου με τον λουλουδιασμένο κήπο!

—Έλα, γέλα λιγάκι, είπε το ψηλό ξωτικό και κούνησε τα μυτερά του αυτιά πέρα δώθε κάνοντας το μικρό ξωτικό να βάλει τα γέλια. Ας ψάξουμε να βρούμε την τύχη μας μαζί. Πώς σε λένε; Εμένα με λένε Φίφο.

—Εμένα Τάπενι, είπε το μικρό χοντρούλι ξωτικό, σκουπίζοντας τα μάτια του. Θες να γίνουμε αληθινοί φίλοι και να έρθω μαζί σου; Πού πας;

—Δεν ξέρω, είπε ο Φίφο ξύνοντας τη μακριά του μύτη. Έφυγα από το λόφο των ξωτικών επειδή με κοροϊδεύανε για τη μακριά μου μύτη και τα μυτερά μου αυτιά. Σκέφτηκα να βγω στο μεγάλο κόσμο και να φτιάξω την τύχη μου. Ξέρεις να κάνεις τίποτα έξυπνο, Τάπενι;

—Τραγουδάω καλά. Άκου! είπε ο Τάπενι με καμάρι. Άνοιξε το στόμα του, φούσκωσε το στήθος του κι άρχισε να τραγουδάει ένα τραγούδι μέχρι που ξελαρυγγιάστηκε.

—Πολύ ωραία, είπε ο Φίφο βιαστικά. Αρκετά. Τα αυτιά μου δεν αντέχουν και πολύ σήμερα.

—Εσύ μπορείς να κάνεις τίποτα έξυπνο; ρώτησε ο Τάπενι, όταν ξαναπήρε ανάσα.

—Κάτι όχι και πολύ έξυπνο, είπε ο Φίφο σεμνά. Μπορώ να κάνω θορύβους.

—Θορύβους, τι είδους θορύβους; ρώτησε ο Τάπενι έκπληκτος.

—Ω, οτιδήποτε θορύβους, είπε ο Φίφο. Ξέρεις, ένα τρένο ή μια πάπια που φωνάζει ή τον άνεμο που φυσάει στην καμινάδα τη νύχτα.

—Απίθανο! φώναξε ο Τάπενι με ενθουσιασμό. Να σ' ακούσουμε! Κάνε ένα θόρυβο σαν ένα τρένο που περνάει μέσα από γαλαρία.

—Του του τουουου! σφύριξε ο Φίφο αμέσως κι ο Τάπενι ξαφνιάστηκε τόσο που γύρισε να δει μήπως ερχόταν κανένα τρένο εκεί κοντά. Ο Φίφο ευχαριστήθηκε.

—Τώρα θα κάνω ένα θόρυβο σαν να παλεύουν μαζί ένα λιοντάρι και μια αρκούδα, είπε. Έκλεισε τα μάτια του, άνοιξε το στόμα του, έστριψε το λαιμό του σαν πουλί κι έβγαλε έναν αληθινά τρομερό ήχο, τόσο που ο Τάπενι έπεσε από το πεζούλι πανικόβλητος και κρύφτηκε κάτω από το διπλανό θάμνο τρέμοντας.

Όταν ο Φίφο άνοιξε τα μάτια του, ο Τάπενι δε φαινόταν πουθενά κι αυτό του φάνηκε πολύ παράξενο.

—Πού είσαι; φώναξε. Μη φεύγεις.

Ο Τάπενι σύρθηκε έξω, από κάτω από το θά-

μνο όπου κρυβόταν και ξεσκόνισε το μανδύα του.

—Τι έκανες εκεί; ρώτησε ο Φίφο κατάπληκτος.

—Έψαχνα για μανιτάρια, είπε ο Τάπενι. Μην κάνεις άλλους ήχους πια, Φίφο. Ας περπατήσουμε μαζί και ας κουβεντιάσουμε πώς μπορούμε να γίνουμε πλούσιοι.

Έφυγαν από το πεζούλι και προχώρησαν

στο χωράφι. Δεν είχαν φτάσει και πολύ μακριά, όταν είδαν ένα μικρό πλασματάκι να έρχεται προς το μέρος τους. Δεν μπορούσαν να καταλάβουν τι ήταν. Φορούσε ένα μεγάλο καπέλο μ' ένα φτερό, μα δε φαινόταν να έχει πρόσωπο. Τα δυο ξωτικά σταματάτησαν τρομαγμένα.

—Τι είναι; είπε ο Τάπενι. Δε μου αρέσει.

—Ούτε και μένα, είπε ο Φίφο. Περπατάει με την όπισθεν, δε νομίζεις; Όχι, δεν είναι δυνατόν, αφού οι μύτες από τις μπότες του κοιτάνε κατά δω. Ω, τι παράξενο πλάσμα!

Το πλάσμα τούς πλησίασε χορεύοντας. Το καπέλο ταρακουνιόταν στο κεφάλι του και τα δύο ξωτικά δεν μπορούσαν να δουν το πρόσωπό του, όσο προσεκτικά κι αν κοίταζαν.

Όταν το πλάσμα είχε φτάσει κοντά τους, πήδηξε άξαφνα ανάποδα, με το κεφάλι κάτω, προσγειώθηκε πάνω στο «κεφάλι» του και γέλασε δυνατά βλέποντας τα έκπληκτα πρόσωπα του Φίφο και του Τάπενι.

—Τι συμβαίνει; ρώτησε ο νεοφερμένος χαμογελώντας. Δεν έχετε ξαναδεί κανέναν να περπατάει με τα χέρια;

—Ω! αυτό ήταν λοιπόν; είπε ο Φίφο. Μα γιατί έβαλες το καπέλο σου στα πόδια σου; Σ' έκανε να φαίνεσαι φρικτός, χωρίς πρόσωπο, ξέρεις.

—Να, αν βάλω το καπέλο στο κεφάλι μου όταν είμαι ανάποδα, μου πέφτει, ανόητε! είπε γελώντας το ξωτικό. Ποιοι είστε; Εμένα με λένε Τζινκς.

—Αυτόν τον λένε Φίφο και μένα Τάπενι, είπε ο Τάπενι που είχε πάρει από καλό μάτι το χαμογελαστό ξωτικό. Ήταν πραγματικά ένα παράξενο πλασματάκι, γιατί τα χέρια και τα πόδια του ήταν τόσο μαλακά και μακριά σαν να ήταν φτιαγμένα από καουτσούκ. Είχε ένα χαρούμενο χαμογελαστό πρόσωπο με ένα πολύ μυτερό πιγούνι και τα μάτια του, σαν τα δικά τους, είχαν ένα λαμπερό ζωηρό πράσινο χρώμα.

Ο Τζινκς έβγαλε τις μπότες του από τα χέρια του και τις έβαλε στα πόδια του. Έπειτα έσφιξε με επισημότητα το χέρι του Φίφο και του Τάπενι και είπε πως χαιρόταν για τη γνωριμία τους.

—Είμαι πραματευτής, είπε δείχνοντάς τους ένα μικρό καλάθι στην πλάτη του που ξαφνικά άνοιξε κι έγινε ένας μεγάλος δίσκος. Πάνω του υπήρχαν τα πιο απίθανα πράγματα: ένα τενεκεδένιο κατσαρόλι, ένα άσπρο ποντίκι που φαινόταν να νιώθει πολύ άνετα στο δίσκο, ένα ρολό πράσινη κορδέλα, ένα κίτρινο παπούτσι, μισή φραντζόλα ψωμί, μια κόκκινη οδοντόβουρτσα και πολλά άλλα πράγματα.

—Θέλετε ν' αγοράσετε τίποτα;

—Όχι, ευχαριστούμε, είπε ο Φίφο αμέσως. Δεν έχουμε λεφτά. Θέλουμε να βρούμε την τύχη μας.

—Δεν αξίζει τον κόπο να γυρεύεις την τύχη σου, είπε ο Τζινκς κλείνοντας το δίσκο μ' ένα χτύπημα, έτσι που ξανάγινε μικρό καλάθι. Δεν υπάρχει τύχη για να τη βρεις. Εγώ το ξέρω αυτό, γιατί ψάχνω την τύχη μου σ' ολόκληρη τη χώρα εδώ και χρόνια. Και μήπως τη βρήκα ποτέ; Ποτέ!

—Ε, τότε πού τις βρίσκουν τις τύχες; ρώτησε ο Τάπενι απογοητευμένος.

—Θα σου πω! είπε ο Τζινκς χοροπηδώντας ολόγυρά τους. Έχω μια ιδέα καταπληκτική! Ποτέ δεν ξανάγινε τέτοια ιδέα!

—Πες μας την! τον παρακάλεσαν ο Τάπενι κι ο Φίφο που είχαν αρχίσει να νιώθουν το ενδιαφέρον τους ν' ανάβει και χοροπηδούσαν κι αυτοί.

—Λοιπόν, ακούστε με καλά, είπε ο Τζινκς σταματώντας και χτυπώντας τη γροθιά του στο χέρι του. Αν θέλεις ψωμί, πας στο φούρνο, ναι; Κι αν θέλεις κρέας, πας στο χασάπη. Μα φαντάσου να θέλεις το ακριανό φτερό της ουράς ενός παγονιού για να το βάλεις στο καπέλο σου. Πού θα το έβρισκες αυτό; Ή ένα μαντιλάκι που θα δένεται μόνο του σε κόμπους κάθε φορά που θέλεις να θυμηθείς κάτι. Πού θα πήγαινες για κάτι τέτοιο; Αχά! Να πού είμαι χρήσιμος εγώ!

Ο Τάπενι κι ο Φίφο ήταν γεμάτοι αγωνία να μάθουν, μα τα είχαν χαμένα. Πώς θα ήταν χρήσιμος ο Τζινκς;

—Συνέχισε! φώναξαν και τ' αυτιά του Φίφο πηγαινοέρχονταν από έξαψη.

—Λοιπόν, θα αγοράσω ένα μικρό μαγαζάκι και θα πουλάω οτιδήποτε καταπληκτικό, παράξενο ή απίθανο μου ζητήσουν οι άνθρωποι, μα ακόμα και οι νεράιδες, οι μάγισσες, τα αερικά, οι καλικάντζαροι ή οι νάνοι, είπε ο Τζινκς κάνοντας μια ολόκληρη τούμπα. Τι λέτε γι' αυτή την ιδέα; Θα μας φέρει τύχη και λεφτά; Φανταστείτε να ήθελε μια μάγισσα ένα μαγικό για να κάνει αμπρακατάμπρικα μάγια! Θα έδινε μια σακούλα χρυσάφι για να το πάρει, έτσι δεν είναι; Σκεφτείτε πόσο πλούσιος θα γινόμουνα τότε!

—Μα πού θα έβρισκες όλα αυτά τα παράξενα πράγματα που θα χρειάζονταν όλοι αυτοί; ρώτησε ο Φίφο με αμφιβολία.

—Α, δε με ξέρεις καλά εμένα! είπε ο Τζινκς. Εγώ είμαι έξυπνο παιδί, στ' αλήθεια. Το μόνο που μου χρειάζεται είναι δυο φίλοι να με βοηθάνε. Τι λέτε, θέλετε εσείς;

—Ναι, θέλουμε! είπαν ο Φίφο κι ο Τάπενι μαζί, γεμάτοι χαρά που κάποιος πανέξυπνος σαν τον Τζινκς τους είχε κάνει μια τέτοια πρόταση. Έτσι ξεκίνησαν όλοι μαζί κουβεντιάζοντας ασταμάτητα. Ο Τζινκς πού και πού περπατούσε με τα χέρια του και μερικές φορές με τα πόδια του και μια ή δυο φορές ένωσε τα μπράτσα του και τα πόδια του μαζί και κύλησε προς τα κάτω στο λόφο σαν μπάλα. Ποτέ δεν ήξερες τι θα έκανε την επόμενη στιγμή.

Χάρηκε πολύ όταν έμαθε πως ο Φίφο ήξερε να κάνει όλους εκείνους τους εξαιρετικούς θορύβους. Τον έβαλε να κοάζει σαν βάτραχος, να κακαρίζει σαν τρεις κότες μαζί, να ροχαλίζει σαν σκαντζόχοιρος και να κάνει φασαρία σαν είκοσι καπάκια σκουπιδοτενεκέδων. Ήταν πράγματι θαυμάσιο ν' ακούς τον Φίφο. Μετά ο Τάπενι ήθελε να τραγουδήσει, αλλά ο Τζινκς είπε πως δεν του άρεσε το τραγούδι και κάθε φορά που ο καημένος ο Τάπενι άρχιζε, τον γαργαλούσε τόσο δυνατά που τον έπιαναν τα γέλια και δεν μπορούσε να συνεχίσει.

Εκείνη τη νύχτα κοιμήθηκαν κάτω από ένα φράχτη από θάμνους και μαγείρεψαν για πρωινό αβγά και λαρδί που είχε ο Τζινκς μαζί του. Έπειτα περπάτησαν μέσα στα χωράφια και τελικά έφτασαν μέσα σ' ένα όμορφο μικρό χωριό που το έλεγαν Κούκου.

Και εκεί, ο Τζινκς αντίκρισε ακριβώς το σπιτάκι όπου ήθελε να φτιάξει το σπουδαίο μαγαζί του!

Θα έπρεπε να το βλέπατε! Ήταν ένα συμπαθητικό μικρό σπιτάκι με αχυρένια στέγη, μια μικρή καμινάδα κι έναν κήπο γεμάτο βατομουριές και κουμαριές, πανσέδες και άσπρες μαργαρίτες, λεβάντα και κρινάκια. Μύριζε όμορφα κι ήταν πολύ γλυκό!

—Αυτό θα είναι το σπιτάκι μας! είπε ο Τζινκς πλάι στην πόρτα. Θα μετακομίσουμε αμέσως τώρα!

Πάνω στην πόρτα του κήπου υπήρχε το όνομα του σπιτιού: *Βίλα Βατόμουρο*. Υπήρχε ένα μεγάλο ορθογώνιο παράθυρο φτιαγμένο από μικρά τζαμάκια στο σχήμα του διαμαντιού που έπιανε όλο το μήκος του σπιτιού κι ο Τζινκς είπε πως θα μπορούσαν να βάλουν την πραμάτεια τους εκεί για να τη βλέπουν όλοι.

Έτσι λοιπόν μετακόμισαν. Αγόρασαν τρία μικρά κρεβατάκια, τρεις μικρές καρέκλες κι ένα μικρό στρογγυλό τραπεζάκι. Ο Τζινκς πήρε ένα κατσαρόλι από το καλάθι του, ένα τηγάνι κι ένα τσαγερό. Ήταν στ' αλήθεια ένα θαυμάσιο καλάθι αυτό που είχε· έμοιαζε να γεμίζει από διαφορετικά πράγματα κάθε φορά, και μόνο το μικρό άσπρο ποντικάκι ήταν πάντα εκεί.

Τα τρία μικρά ξωτικά στρώθηκαν αμέσως στη δουλειά. Έβαψαν ολόκληρο το σπιτάκι.

Έφτιαξαν μια πινακίδα και πάνω της ζωγράφισαν την επιγραφή «Τα Τρία Ξωτικά». Έβαλαν στο παράθυρο μερικά παράξενα πράγματα α-

πό το καλάθι του Τζινκς. Μετά ο Φίφο έγραψε και μια μεγάλη επιγραφή για να τη βάλουν κι εκείνη στο παράθυρο.

ΠΡΟΜΗΘΕΥΟΥΜΕ ΤΑ ΠΑΝΤΑ ΣΤΟΝ ΚΟΣΜΟ ΓΙΑ ΜΑΓΙΣΣΕΣ, ΝΕΡΑ·Ι·ΔΕΣ, ΝΑΝΟΥΣ Ή ΚΑΛΙΚΑΤΣΑΡΟΥΣ

Ο Τζινκς είπε πως η λέξη «μάγισσες» έπρεπε

να γραφτεί με ένα σίγμα κι ο Τάπενι είπε πως έπρεπε να έχει δύο. Έτσι ο Φίφο έβαλε τρία σίγμα για να ευχαριστήσει και τους δυο και να μη μαλώνουν. Κανένας δεν κατάλαβε πως το «καλικατσάρους» δεν ήταν γραμμένο σωστά. Τους φαινόταν πολύ ωραία γραμμένο.

Έπειτα περίμεναν τους πελάτες. Κρυφοκοίταζαν από τις κουρτίνες γεμάτοι αγωνία και παρακολουθούσαν όλο τον κόσμο που ερχόταν να διαβάσει την επιγραφή στο παράθυρο.

Πρώτα, ήρθαν τρεις νεράιδες. Μετά κατέφτασε ένα τζίνι με μικρά φτερά στα ποδαράκια του. Μετά ήρθε κουτσαίνοντας μια γριά μάγισσα που χρησιμοποιούσε τη σκούπα της για μπαστούνι. Μετά,· δυο καλικάντζαροι με μακριές γενειάδες που έφταναν ως τη γη.

Όλοι διάβασαν την επιγραφή, γνέψανε με τα κεφάλια τους ο ένας στον άλλο, φλυάρησαν για το καινούριο μαγαζί και φύγανε. Κανένας δεν μπήκε μέσα. Ήταν πολύ απογοητευτικό.

—Η ιδέα σου πώς να γίνουμε πλούσιοι, δε μου πολυαρέσει, Τζινκς, είπε ο Τάπενι κατσούφικα καθώς έβαζε το κατσαρόλι στη φωτιά για να φτιάξει ένα κακάο για το βραδινό.

Ο Φίφο έβγαλε έναν ήχο σαν ιπποπόταμος που έχει πονόδοντο και έκανε τον Τάπενι να αναπηδήσει τόσο που έριξε το κατσαρόλι στο δάχτυλο του ποδιού του Τζινκς. Ο Τζινκς έβγαλε αμέσως έναν ήχο όπως πάντα όταν ήταν πολύ θυμωμένος κι όρμησε στον Τάπενι που τρύπωσε πίσω από τον καναπέ στη γωνία.

—Ωχ! Αχ! Ωχ! φώναξε ο Τάπενι καθώς τον τραβολογούσε ο Τζινκς από τα πόδια.

Και τότε, ακριβώς την ώρα που χάλαγε ο κόσμος από τη φασαρία, μια μεγάλη βαθιά φωνή κατέβηκε από την καμινάδα και ξάφνιασε τα ξωτικά τόσο που κόντεψαν να τρελαθούν.

—ΧΟ! είπε η φωνή. ΧΟΟ-ΧΟΟ! Κατεβαίνω από την καμινάδα! Είμαι ο Αερικός Μάγος και κάθομαι στη στέγη. Θέλω να έρθω να αγοράσω κάτι.

—Μην κατεβαίνεις από την καμινάδα! φώναξε ο Τζινκς τρομαγμένος. Έχει φωτιά και θα κάψεις τα δάχτυλά σου! Έλα από την πόρτα.

Ο Χρυσός Μαγικός Κουβάς

ΜΑ Ο ΑΕΡΙΚΟΣ Μάγος δεν έδωσε σημασία στον Τζινκς. Κατέβηκε από την καμινάδα!

Πρώτα απ' όλα φύσηξε ένα δυνατό ρεύμα μέχρι τη σχάρα της φωτιάς κι οι στάχτες τινάχτηκαν έξω κι άρχισαν να πετάνε μέσα στην κουζίνα. Η φωτιά έσβησε μ' ένα περίεργο σφύριγμα. Δυο κοκαλιάρικα γυμνά πόδια φάνηκαν στην έξοδο της καμινάδας.

—Γεια! Τραβήξτε με κάτω! φώναξε ο Αερικός Μάγος. Η καμινάδα σας είναι μικρή κι έχω σφηνώσει.

Ο Τζινκς έτρεξε κι άρπαξε το ένα πόδι του μάγου. Το τράβηξε κι ο μάγος έπεσε με ορμή. Κάθισε στο τζάκι και κοίταξε τα τρία ξωτικά ανοιγοκλείνοντας τα μάτια του. Ήταν αλήθεια ένα πολύ παράξενο πλάσμα.

Φορούσε ένα χρυσό κοστούμι που ήταν κολλητό πάνω στο σώμα του σαν δέρμα κι από πάνω ένα μανδύα μακρύ, μέχρι το έδαφος, που κυμάτιζε και δε στεκόταν ποτέ ακίνητος. Ήταν μαύρος κι είχε πάνω του μικρά αστραφτερά αστεράκια.

Στο κεφάλι του είχε ένα ψηλό μυτερό καπέλο που συνέχεια γλιστρούσε πάνω από το ένα μάτι γιατί του έπεφτε λίγο μεγάλο. Φορούσε κι ένα ζευγάρι μεγάλα πράσινα γυαλιά πάνω στη μακριά του μύτη.

—Δε νομίζεις πως είναι καλύτερα να βγεις

από το τζάκι; ρώτησε ο Φίφο ανήσυχα. Έσβησες τη φωτιά, μα υποθέτω πως τα κάρβουνα καίνε ακόμα.

—Τα νιώθω πράγματι λίγο ζεστά, είπε ο Αερικός Μάγος και σηκώθηκε κι ήρθε στο δωμάτιο.

—Φτου, σκουληκομυρμηγκότρυπα! Έκαψες το όμορφο παντελόνι σου κι έκανες μια τρύπα! φώναξε ο μικρός Τάπενι δείχνοντας μια μεγάλη τρύπα στο μακρύ μανδύα του μάγου.

Ο μάγος έγλειψε τον αντίχειρά του και τον

πέρασε πάνω από το κάψιμο. Ώσπου να πεις κύμινο, η τρύπα είχε εξαφανιστεί κι ο μανδύας είχε ξαναγίνει σαν καινούριος.

—Δε θα καθίσεις; ρώτησε ο Φίφο που ήταν πάντα του ευγενικός. Τράβηξε μία καρέκλα κι ο μάγος κάθισε με τον παράξενο μανδύα ν' ανεμίζει στριφογυριστά ολόγυρά του. Τα τρία ξωτικά ανατρίχιασαν γιατί ένιωσαν σαν να είχε μπει ένας αέρας στο δωμάτιο που παραήταν μάλιστα ψυχρός για καλοκαίρι.

—Είδα την αγγελία σας στο παράθυρο, είπε ο μάγος. Ήρθα να παραγγείλω κάτι κι αν μου το φέρετε θα σας δώσω ένα σακούλι χρυσές λίρες. Τι λέτε;

—Φτου, σκουληκομυρμηγκότρυπα! φώναξε ο Τάπενι ενθουσιασμένος.

—Ακούγεται καλό, είπε ο Φίφο.

—Μα τι πρέπει να σου φέρουμε; ρώτησε ο Τζινκς επιφυλακτικά.

—Ω, τίποτα σπουδαίο, είπε ο μάγος ενώ ο μανδύας του βίτσιζε το πρόσωπο του Τζινκς καθώς ανέμιζε. Θέλω απλώς το Χρυσό Κουβά που ανήκει στη γριά Γκρινιάρα Μάγισσα. Μου τον έκλεψε πριν από εκατό χρόνια και τώρα θέλω να τον πάρω πίσω.

—Ω, ναι, έχω ακούσει την ιστορία, είπε ο Τζινκς. Αλλά σίγουρα δεν αξίζει ένα ολόκληρο σακούλι χρυσάφι, ε, Αερικέ Μάγε;

—Ω, μα ο κουβάς είναι μαγικός! είπε ο μάγος και η φωνή του χαμήλωσε κι έγινε ψίθυρος. Ξέρεις, ό,τι ρίξεις μέσα του εξαφανίζεται αμέσως. Τι καταπληκτικός τρόπος να ξεφορτώνεσαι σκουπίδια! Δεν έχετε ιδέα πόσα σκουπίδια έχω όταν κάνω μάγια και, εκεί που μένω, δεν υπάρχει σκουπιδιάρης. Ολόκληρος ο κήπος μου είναι γεμάτος σκουπίδια κι έχω αγανακτήσει πια. Αν μπορούσα να πάρω πίσω τον κουβά μου θα ζούσα πια ευχάριστα και μ' όλα μου τα υπάρχοντα τακτοποιημένα αφού θα μπορούσα να ρίχνω ό,τι δε θέλω εκεί μέσα και αυτό θα χανόταν για πάντα!

—Μα τι σχέση έχει η Γκρινιάρα Μάγισσα μ' αυτό; ρώτησε ο Φίφο.

—Μένει σ' ένα λόφο στη μέση της Θάλασσας Που Χορεύει, είπε ο μάγος. Και, παρακαλώ, να είστε προσεκτικοί μαζί της γιατί έχει νευρικό χαρακτήρα. Θα λυπηθώ πολύ αν ακούσω πως σας μεταμόρφωσε σε σκαθάρια, φαίνεστε συμπαθητικοί τύποι.

—Φτου, σκουληκομυρμηγκότρυπα! είπε ο Τάπενι τρομαγμένος.

—Όχι, όχι σκουλήκια, απλά σκαθάρια, είπε ο μάγος. Πρέπει να φύγω τώρα. Ειδοποιήστε με όταν θα έχετε το Χρυσό Μαγικό Κουβά και θα σας φέρω την αμοιβή σας.

Σηκώθηκε κι ένα ρεύμα πέρασε ξανά σφυρίζοντας από το δωμάτιο κι έκανε τα ξωτικά να νιώσουν πολύ κρύο. Ο μαύρος μανδύας τυλίχτηκε σφιχτά γύρω από το μάγο, το κερί έσβησε κι όταν τα ξωτικά το ξανάναψαν, ο Αερικός Μάγος είχε εξαφανιστεί! Ένας Θεός ξέρει πού είχε πάει!

—Η πρώτη μας παραγγελία! είπε ο Τζινκς τρίβοντας τα χέρια του ικανοποιημένος. Θ' αρχίσουμε αύριο.

—Δε... δε θέλω, είπε ο καημένος ο Τάπενι

βάζοντας τα κλάματα. Φοβόταν πολύ.

—Μην είσαι ανόητος, είπε ο Τζινκς αγκαλιάζοντας το μικρό παχουλό ξωτικό. Θα σε προσέχουμε εμείς, Τάπενι. Γέλα μου λιγάκι! Θα γίνουμε πλούσιοι!

Έσβησαν το κερί και πήγαν αμέσως για ύπνο. Ξύπνησαν νωρίς γεμάτοι αγωνία. Έκλεισαν το μαγαζί, αφού πρώτα έβαλαν μια αγγελία στο παράθυρο που έλεγε:

ΛΟΙΠΟΥΜΕ ΓΙΑ ΔΟΥΛΙΑ
ΓΙΑ ΤΟΝ ΑΞΗΟΤΙΜΟ ΠΕΛΑΤΙ ΜΑΣ
ΤΟΝ ΑΕΡΙΚΟ ΜΑΓΟ

Μετά, ο Τζινκς έδεσε το καλάθι του μικροπωλητή γύρω από τους ώμους του. Μέσα είχε βάλει τις οδοντόβουρτσές τους, πετσέτες, ένα σαπούνι και μερικά ζευγάρια κάλτσες. Το μικρό άσπρο ποντίκι ενθουσιάστηκε που είδε το σαπούνι κι ο Τάπενι φοβήθηκε μήπως το φάει. Μα ο Τζινκς είπε πως δε θα έκανε κάτι τέτοιο.

Έπειτα βρόντηξαν την εξώπορτα της *Βίλας*

Βατόμουρο και ξεκίνησαν όλοι μαζί. Ο Τάπενι τραγουδούσε ένα τραγούδι πολύ δυνατά κι ο Φίφο έκανε ένα θόρυβο σαν χαλασμένο αυτοκίνητο. Ο Τζινκς γύρισε ανάποδα κάμποσες φορές, έτσι που δεν ήταν καθόλου παράξενο που ολόκληρο το χωριό Κούκου κοίταζε από τα παράθυρα με απορία τα τρία χαρούμενα ξωτικά.

—Πώς θα πάμε στη Θάλασσα Που Χορεύει; ρώτησε ο Τάπενι.

—Κοίταξα στο χάρτη, είπε ο Τζινκς. Θα πάρουμε το λεωφορείο μέχρι τη Δροσερή Γωνιά και μετά θα πάρουμε ένα πλοίο στο Ορμητικό Ποτάμι. Φτάνει μέχρι τη Θάλασσα Που Χορεύει. Τότε είναι σίγουρο πως θα δούμε το Λόφο της Μάγισσας.

—Πώς θα της πάρουμε τον κουβά; ρώτησε ο Τάπενι.

—Ω, δε χρειάζεται να σκεφτούμε γι' αυτό ώσπου να φτάσουμε εκεί! είπε ο Τζινκς ανυπόμονα.

Είδαν το λεωφορείο που κατέβαινε το δρόμο

και τα ξωτικά πήδηξαν μέσα. Ήταν γεμάτο με κουνέλια που πήγαιναν στην Αγορά των Καρότων και των Μαρουλιών, στο διπλανό χωριό. Έκανε πολλή ζέστη και δεν μπορούσες να καθίσεις κοντά τους καλοκαιριάτικα. Ο παχουλός μικρός Τάπενι άρχισε να φυσάει και να ξεφυσάει και τα κουνέλια πλάι του τον κοίταζαν θυμωμένα.

—Θα σταματήσεις, παρακαλώ, να ξεφυσάς πάνω στα μουστάκια μου; είπε το ένα σοβαρά. Αν δε σταματήσεις θα κάνω παράπονα στον εισπράκτορα.

Ο Τάπενι ζάρωσε όσο πιο πολύ μπορούσε, κοκκίνισε μέχρι τις ρίζες των μαλλιών του και προσπάθησε να μην ξεφυσάει. Ο Τζινκς γέλασε δυνατά και ο Φίφο βάλθηκε να κάνει έναν ήχο σαν εφτά σκυλιά που γρύλιζαν, γάβγιζαν κι αλυχτούσαν. Με μια κίνηση τα κουνέλια σηκώθηκαν και κατέβηκαν από το λεωφορείο.

—Πού είναι αυτά τα σκυλιά; ρώτησε ο εισπράκτορας κοιτάζοντας μέσα στο λεωφορείο. Αν έχετε φέρει σκυλιά μαζί σας, πρέπει να πληρώσετε σκυλοεισιτήρια. Πάντως θα έπρεπε να ξέρετε πως δεν μπορείτε να φέρνετε σκυλιά σ' ένα λεωφορείο όπου υπάρχουν επιβάτες κουνέλια.

Τα τρία ξωτικά κοίταξαν με αθώο ύφος κι ο Τζινκς σηκώθηκε και έριξε μια ματιά κάτω από το κάθισμα για τα σκυλιά που ήξερε πως δεν υπήρχαν. Αυτό έκανε τον Τάπενι να γελάσει κι ο εισπράκτορας κοίταξε τα ξωτικά αυστηρά κι είπε πως καλά θα κάνανε να φέρονται καλύτερα, γιατί θα τα κατέβαζε από το λεωφορείο του.

Μετά από αυτό, έκατσαν ήσυχα και σε λίγο έφτασαν στη Δροσερή Γωνιά. Ο εισπράκτορας δε χρειάστηκε να φωνάξει το όνομα της στάσης γιατί έκανε τόση δροσιά και φυσούσε τόσο δυνατά που παραλίγο να αναποδογυρίσει το λεωφορείο! Τα τρία ξωτικά βγήκαν έξω κουτρουβαλώντας κι έψαξαν να βρουν το Ορμητικό Ποτάμι.

—Να το! Εκεί πέρα! φώναξε ο Τάπενι κι όλοι ξεκίνησαν όσο πιο γρήγορα μπορούσαν. Υπήρχαν πολλές μικρές βάρκες δεμένες στην όχθη, μα καμιά δεν είχε κουπιά.

—Δε χρειάζεσαι κουπιά σ᾽ αυτό το ποτάμι, είπε το τζίνι που τις φρόντιζε. Το ποτάμι τρέχει τόσο γρήγορα που σε παρασέρνει χωρίς κουπιά. Δεν μπορείς να το ανεβείς γιατί το ρεύμα είναι πολύ δυνατό.

—Μα πώς γυρίζουν οι βάρκες εδώ; ρώτησε ο Τζινκς με απορία.

—Ω, έχω ένα κοπάδι από κύκνους που φέρνουν όλες τις βάρκες μου μια φορά την ημέρα, είπε το τζίνι. Έδειξε έναν κύκνο που κολυμπούσε με δύναμη αντίθετα στο ρεύμα του Ορμητικού Ποταμού. Πίσω του τραβούσε μια μικρή βάρκα αρκετά εύκολα.

Τα ξωτικά μπήκαν σε μια βάρκα και το τζίνι την έλυσε. Μπήκε στο ρεύμα μ᾽ ένα τίναγμα και τα τρία ξωτικά κρατήθηκαν γερά! Ο Τζινκς οδηγούσε τη βάρκα όσο καλύτερα μπορούσε και φώναζε στον Τάπενι να μη γέρνει στην κουπαστή γιατί θα μπορούσε να πέσει στο νερό. Μα ο Τάπενι δεν του έδωσε σημασία κι ο

Φίφο τον άρπαξε ακριβώς τη στιγμή που πήγαινε να πέσει στο νερό με το κεφάλι. Η βάρκα ταρακουνήθηκε επικίνδυνα και όλοι έγιναν λούτσα από τα πιτσιλίσματα.

—Ανόητο, χαζό ξωτικό! φώναξε ο Τζινκς εκνευρισμένος. Μου 'ρχεται να σε παρατήσω εδώ, αν δεν κάνεις ό,τι σου λένε!

Ο Τάπενι άνοιξε το στόμα του κι ούρλιαξε απελπισμένα που του μιλούσαν έτσι. Έτσι ο Φίφο τον αγκάλιασε και τον παρηγόρησε πα-

ρόλο που ο Τζινκς είχε κατεβάσει μούτρα για πέντε λεπτά και κόντεψε να τους ρίξει στην όχθη. Έπειτα όλοι ξέχασαν τα βάσανά τους κι άρχισαν να ψάχνουν για τη Θάλασσα Που Χορεύει.

Το ποτάμι γινόταν όλο και πιο πλατύ και στο τέλος χυνόταν σε μια φωτεινή γαλάζια θάλασσα. Ήταν μια παράξενη θάλασσα γιατί, παρόλο που δεν είχε κύματα να σπάνε, υπήρχαν μικρές ρυτίδες που χόρευαν στο νερό και γραμμές από άσπρο αφρό που ανεβοκατέβαιναν όλη την ώρα. Η βάρκα κουνιόταν κι εκείνη κι ο Φίφο πρασίνισε. Δεν του άρεσε καθόλου!

—Θα πάθω ναυτία! είπε μουγκρίζοντας.

—Ω, όχι δε θα πάθεις τίποτα! είπε ο Τζινκς αμέσως κι άνοιξε το θαυμάσιο καλάθι του. Αυτό άπλωσε σαν δίσκος και ο Τάπενι είδε το μικρό άσπρο ποντίκι να μασουλάει το σαπούνι τους.

—Να! σας το είπα πως αυτό το ποντίκι θα φάει το σαπούνι μας! φώναξε. Θα το βάλω στην τσέπη μου!

Πήρε το σαπούνι και το έβαλε στην τσέπη του πράσινου μανδύα του. Το ποντίκι έσκουξε θυμωμένα κι έτρεξε να μπει σ' ένα πράσινο παπούτσι που ήταν στο δίσκο. Ο Τζινκς πήρε ένα μικρό πράσινο πακέτο κι έβγαλε έξω ένα χάπι που το έδωσε στον κακομοίρη τον πρασινομούρη Φίφο.

—Κατάπιε το και θα γίνεις καλά, είπε.

Ο Φίφο το κατάπιε και τότε, για μεγάλη έκπληξη και τρομάρα των άλλων, άρχισε αμέσως να μεγαλώνει· έφτασε δυο φορές το μέγεθός του κι η βάρκα άρχισε να κουνιέται επικίνδυνα.

—Ωχ! του έδωσα λάθος χάπι! είπε ο Τζινκς φοβισμένος. Γρήγορα, Φίφο, κατάπιε κι αυτό εδώ!

Ο καημένος ο Φίφο το κατάπιε και ξαναβρήκε το μέγεθός του.

—Τώρα νιώθω ακόμα μεγαλύτερη ναυτία από πριν, είπε το κακόμοιρο το ξωτικό κρατώντας το κεφάλι του μέσα στα χέρια του. Τα μακριά μυτερά αυτιά του ήταν πεσμένα όπως του λαγού κι ο Τάπενι τον λυπήθηκε πολύ.

Ο Τζινκς ψαχούλεψε στο δίσκο του και βρήκε κάτι άλλα πράσινα χάπια. Έδωσε ένα στον Φίφο και μάλλον αυτό θα ήταν το σωστό, αφού ο Φίφο ένιωσε αμέσως πιο καλά κι έφτιαξε το κέφι του.

Τότε ο Τζινκς έριξε γύρω μια ματιά για να δει πού βρίσκονταν. Θεέ μου, δεν έβλεπαν πια στεριά! Γύρω τους υπήρχε μόνο η γαλάζια θάλασσα που χόρευε πάνω-κάτω στη λιακάδα, ανέβαινε σε μικρές κορφές και ρυτίδωνε εύθυμα.

—Πού είμαστε; φώναξε ο Τάπενι τρομαγμένος.

—Πού νομίζεις; είπε ο Τζινκς. Μήπως καθόμαστε σε καμιά καμινάδα;

Ο Φίφο χαχάνισε, αλλά ο Τάπενι σούφρωσε τα φρύδια. Δεν του άρεσε να τον κοροϊδεύουν. Κοίταξε ολόγυρα κι έπειτα ξαφνικά έβγαλε μια δυνατή φωνή.

—Κοιτάξτε! Να ο Λόφος της Μάγισσας!

Οι άλλοι κοίταξαν. Αλήθεια, μακριά στον ορίζοντα, υψωνόταν ένας απότομος λόφος πάνω από τη θάλασσα. Στα τρία ξωτικά ο λόφος φαινόταν μικρός γιατί ήταν μακριά, μα καθώς πλησίαζαν, είδαν πως ήταν πράγματι ένας πολύ μεγάλος λόφος.

Επιτέλους η βάρκα άραξε σε μια αμμουδερή παραλία του νησιού που σχημάτιζε ο λόφος. Τα τρία ξωτικά πήδησαν έξω και κοίταξαν το κάστρο που στεκόταν ψηλά στην κορυφή. Μια μακριά, πολύ μακριά σκάλα οδηγούσε εκεί πάνω.

—Ω, Θεέ μου! είπε ο παχουλός μικρός Τάπενι, όταν είδε όλα αυτά τα σκαλιά. Ποτέ δε θα μπορέσω ν' ανεβώ στην κορυφή!

—Πρέπει! είπε ο Τζινκς. Γιατί εσύ θα πας να πάρεις το Χρυσό Κουβά της Μάγισσας!

—Εγώ! φώναξε ο Τάπενι έντρομος. Ω, δεν μπορώ!

—Λοιπόν, άκου το σχέδιό μου, είπε ο Τζινκς κι όλοι έκατσαν στην παραλία. Είναι πολύ απλό. Έχει ξαναχρησιμοποιηθεί και παλιότερα, με επιτυχία. Θυμάσαι στην ιστορία του Αλαντίν πώς ο μάγος πήρε πίσω το μαγικό λυχνάρι;

—Ναι, γύριζε στην πόλη και φώναζε: «Αλλάζω τα παλιά λυχνάρια με καινούρια!» είπε ο Φίφο αμέσως. Και έτσι πήρε το παλιό μαγικό λυχνάρι σε αντάλλαγμα για ένα καινούριο που δεν ήταν μαγικό.

—Ναι, είπε ο Τζινκς. Λοιπόν, αυτό λέω να κάνουμε κι εμείς. Θα βγάλω έναν ωραίο καινούριο κουβά από το δίσκο μου κι ο Τάπενι θα τον πάει πάνω στο κάστρο να τον προσφέρει στους υπηρέτες σε αντάλλαγμα για όποιον παλιό έχουν. Τότε μπορεί να του δώσουν τον Κουβά της Μάγισσας!

—Μα μπορεί και όχι! είπε ο Φίφο.

—Εγώ δεν ανεβαίνω στο κάστρο μόνος μου, είπε ο Τάπενι σταθερά. Αν το σχέδιό σου είναι τόσο καλό, Τζινκς, γιατί δεν πηγαίνεις εσύ; Εγώ θα τα κάνω θάλασσα.

—Όχι, σε διάλεξα γιατί φαίνεσαι ένα γλυκούλι, παχουλό, πρόσχαρο πλασματάκι, είπε ο Τζινκς. Κανένας δε θα φανταστεί πως μπορεί να του παίξεις ένα τόσο έξυπνο παιχνίδι. Έλα, Τάπενι, προσπάθησε. Θ' ανεβούμε κι εμείς τα σκαλιά μαζί σου και θα κρυφτούμε κάπου για να παρακολουθούμε τι γίνεται. Δε θα είσαι μόνος σου.

—Εντάξει, είπε ο Τάπενι. Μα αν πάθω τίποτα, να μου υποσχεθείτε κάτι κι οι δυο σας. Θα βρείτε τρόπο να με σώσετε, έτσι δεν είναι;

—Μα και βέβαια, είπαν ο Τζινκς κι ο Φίφο με μια φωνή κι αγκάλιασαν το παχουλό, σοβαρό ξωτικούλι.

Έπειτα άρχισαν να σκαρφαλώνουν τα σκαλιά για το κάστρο της μάγισσας. Ω! τι μακρύς δρόμος! Πώς λαχάνιαζαν και ξεφυσούσαν, πώς αναστέναζαν κι αγκομαχούσαν!

Επιτέλους έφτασαν στην κορυφή. Μπροστά τους ήταν η αυλή του κάστρου κι η πίσω πόρτα ήταν ορθάνοιχτη. Από μέσα έβγαινε ένας θόρυβος από μηχανήματα που κροτάλιζαν και σύννεφα ατμού ξεχύνονταν από την πόρτα.

—Μέρα μπουγάδας! ψιθύρισε ο Τζινκς στους άλλους. Αυτό σημαίνει πως θα υπάρχουν ένα σωρό κουβάδες τριγύρω κι ίσως οι υπηρέτες να θελήσουν να πάρουν κανέναν καινούριο από τον Τάπενι σε αντάλλαγμα για τον παλιό κουβά της μάγισσας! Τώρα πια πρέπει να είναι πολύ παλιός και βρόμικος.

Ο Τζινκς άνοιξε το καλάθι του και το έκανε δίσκο. Αμέσως παρουσιάστηκε ένας θαυμάσιος, αστραφτερός καινούριος κουβάς!

—Φτου, σκουληκομυρμηγκότρυπα! είπε ο Τάπενι με έκπληξη. Κοίτα να δεις! Κοίτα!

Ο Τζινκς έδωσε τον κουβά στον Τάπενι και τον έσπρωξε προς την πόρτα της κουζίνας του κάστρου.

—Προχώρα! είπε. Βάλε τα δυνατά σου!

Με τρεμάμενα γόνατα ο καημενούλης ο Τάπενι προχώρησε στην πόρτα της κουζίνας. Οι άλλοι τον άκουσαν να φωνάζει με την ψιλή φωνή του.

—Αλλάζω τους παλιούς κουβάδες σας με καινούριους! Καινούριους για παλιούς!

Μια χοντρή κι ασουλούπωτη μαγείρισσα βγήκε στην πόρτα. Κοίταξε με καλοσύνη το μικρό Τάπενι και του χαμογέλασε.

—Ώστε έτσι, παλικάρι μου, είπε. Ήρθες, λοιπόν, στο κάστρο μας, ε; Τι έχεις εκεί; Έναν ολοκαίνουργο κουβά;

—Ναι, και μπορείτε να τον πάρετε αν μου δώσετε έναν παλιό, είπε ο Τάπενι.

—Παράξενο αυτό! είπε η μαγείρισσα με τα μάτια στηλωμένα στον Τάπενι. Ο μικρούλης ένιωθε αμηχανία. Ίσως και να 'ταν λίγο παράξενο να προσφέρεις έναν καινούριο κουβά για να πάρεις έναν παλιό.

—Καλά, μα μπορείτε να μου δώσετε κι ένα καλό γεύμα αν θέλετε, είπε χαμογελώντας στην καλοσυνάτη χοντρή μαγείρισσα.

—Αχ, νόμιζα πως θα ζητούσες και κάτι άλλο, είπε εκείνη χτυπώντας τον στον ώμο. Περίμενε, λοιπόν, ένα λεπτάκι, λεβέντη μου και θα φας ένα θαυμάσιο δείπνο. Ο παλιός μου κουβάς έχει μια τρύπα.

Πήρε τον αστραφτερό καινούριο κουβά από τον Τάπενι και του έδωσε έναν παλιό, σκουριασμένο με μια τρύπα στον πάτο. Ο Τζινκς κι ο Φίφο που παρακολουθούσαν κρυμμένοι πίσω από ένα δέντρο, είχαν ενθουσιαστεί που είδαν το σχέδιό τους να πετυχαίνει τόσο εύκολα. Περίμεναν να γυρίσει ο Τάπενι τρέχοντας, μα εκείνος δεν κουνήθηκε.

Αντίθετα κάθισε σ' ένα μικρό τραπέζι που έβγαλε έξω η μαγείρισσα, κι έπειτα τα άλλα ξωτικά είδαν με μεγάλη τους ζήλια κι αηδία το παχουλό πλασματάκι να στρώνεται για να φάει ένα καταπληκτικό δείπνο που είχε φτιάξει η μαγείρισσα για χάρη του.

Του έδωσε τέσσερα τηγανητά λουκάνικα, μια μεγάλη πατάτα, έξι τηγανητές ντομάτες και μπόλικη σάλτσα. Για επιδόρπιο έφαγε πουτίγκα κι ένα πελώριο κομμάτι τούρτα σαντιγί με μια χρυσή λίμνη από σιρόπι καραμέλα γύρω της.

Ο Τζινκς κι ο Φίφο που δεν είχαν φάει τίποτα από την ώρα που έφυγαν από το σπίτι, ζήλευαν τρομερά. Μυρίζονταν το νόστιμο φαγητό κι ο καθένας τους χωριστά ευχόταν να είχε πάει εκείνος στη θέση του Τάπενι. Το μικρό ξωτικό στράφηκε προς το μέρος τους και τους έστειλε ένα αστραφτερό θριαμβευτικό βλέμμα. Ο παλιός κουβάς στεκόταν πλάι του κι ο Τζινκς δεν έβλεπε την ώρα να τον πάρει. Φαντάσου να γινόταν τίποτα προτού γυρίσει κοντά τους ο Τάπενι! Φαντάσου να έβγαινε η γρια-μάγισσα και να τους έβλεπε!

Μα ο παλιός κουβάς δεν έπαθε τίποτα. Έ-στεκε απλώς εκεί δίπλα όσο ο Τάπενι έτρωγε το φαγητό του.

Ο Καημενούλης Ο Τάπενι

ΟΤΑΝ Ο Τάπενι τελείωσε το γεύμα του, πήγε τα πιάτα του σε μια βρύση στην αυλή και τα έπλυνε προσεκτικά. Μετά πήγε στην πόρτα της κουζίνας και φώναξε τη μαγείρισσα. Οι υπηρέτες έτρωγαν το φαγητό τους και δεν άκουσαν τη φωνούλα του Τάπενι. Έτσι μπήκε στην κουζίνα και κοίταξε γύρω του.

Η μαγείρισσα τον είδε και τον έβγαλε έξω με φωνές.

—Κανένας δεν επιτρέπεται να μπει εδώ μέσα! φώναξε. Έξω, παρείσακτε, ξουτ!

Ο Τάπενι φοβήθηκε. Έδωσε τα πιάτα στη μαγείρισσα και το ’βαλε στα πόδια παίρνοντας μαζί του τον παλιό σκουριασμένο κουβά. Μόλις έφτασε στον Φίφο και τον Τζινκς, εκείνοι του πήραν τον κουβά με ενθουσιασμό.

—Τύχη που την είχες να φας τέτοιο γεύμα! είπε ο Τζινκς με ζήλια.

—Με την αξία μου το κέρδισα! είπε ο Τάπενι. Δεν ήμουνα έξυπνος και γενναίος που πήγα και σου έφερα το Μαγικό Κουβά; Μου άξιζε ένα καλό γεύμα.

—Ας ρίξουμε μερικά σκουπίδια στον κουβά να τα δούμε να εξαφανίζονται, είπε ο Τζινκς που ανυπομονούσε να δοκιμάσει τις μαγικές ιδιότητες του κουβά της Μάγισσας. Έτσι ο Φίφο πήρε μια χαρτοσακούλα που τη φυσούσε ο αέρας και μερικά κλαράκια κάτω από ένα δέντρο. Τα έριξε όλα στον κουβά και τα τρία ξωτικά έσκυψαν με αγωνία πάνω του να τα δουν να χάνονται.

Μα δεν εξαφανίστηκαν! Όχι, έμειναν μέσα στον κουβά και δεν κουνήθηκαν από τη θέση τους. Ο Τζινκς έβαλε το χέρι του μέσα και ανακάτεψε τα σκουπίδια. Άδικος ο κόπος! Όλα έμειναν όπως ήταν.

—Φτου, σκουληκομυρμηγκότρυπα! είπε ο Τάπενι. Δεν μπορεί να είναι ο σωστός κουβάς!

Οι τρεις τους κάθισαν χάμω και κοίταζαν ο ένας τον άλλο με απογοήτευση. Τι φοβερός κλονισμός!

Τότε ο Τάπενι είχε μια ιδέα κι αναπήδησε από ενθουσιασμό.

—Μα βέβαια! Τον είδα το σωστό κουβά όταν μπήκα στην κουζίνα πριν από λίγο! Αυτός πρέπει να είναι. Κρεμόταν σ' ένα καρφί πάνω από το νεροχύτη κι έλαμπε σαν χρυσάφι. Γιατί πιστεύουμε πως ο Μαγικός Κουβάς πρέπει να είναι παλιός και βρόμικος; Είναι πολύ πιο πιθανό να είναι καλογυαλισμένος κι αστραφτερός!

—Ωχ! είπαν ο Τζινκς κι ο Φίφο μαζί με μια

ξαφνική λάμψη στα πρόσωπα τους. Ω! Τότε, Τάπενι, μήπως θα μπορούσες να πας απέναντι και να φέρεις τον κουβά;

—Και γιατί να μην πάτε εσείς; ρώτησε ο Τάπενι απότομα. Εγώ έκανα τη δουλειά μου.

—Ναι, μα εσύ ξέρεις πού είναι ο κουβάς ενώ εμείς δεν ξέρουμε! είπε ο Τζινκς γρήγορα.

—Εντάξει, εντάξει, είπε ο Τάπενι αναστενάζοντας. Θα πάω, μα αν με πιάσουν, θυμηθείτε τι μου υποσχεθήκατε εσείς οι δυο. Είπατε πως θα με σώσετε.

—Βέβαια, είπαν ο Τζινκς κι ο Φίφο με μια φωνή. Πήγαινε τώρα, Τάπενι, όσο οι υπηρέτες τρώνε ακόμα στην κουζίνα.

Έτσι ο Τάπενι διέσχισε μ' ελαφρό βήμα την αυλή ξανά και κοίταξε κρυφά μέσα στην κουζίνα. Δεν υπήρχαν πια υπηρέτες εκεί μέσα. Ήταν άδεια. Μπήκε μέσα ακροπατώντας, πήγε στο νεροχύτη και ξεκρέμασε τον αστραφτερό κουβά από το καρφί του. Μετά έκανε στροφή να φύγει.

Μα ο καημένος ο Τάπενι σκόνταψε σ' ένα

χαλί κι έπεσε κάτω με τον κουβά να χτυπάει πίσω του στο δάπεδο! Ω, Θεέ μου!

Μια δυνατή και θυμωμένη φωνή βγήκε από την κουζίνα και κάποιος έτρεξε προς τα κει. Ήταν η ίδια η Γκρινιάρα Μάγισσα κι από πίσω της έτρεχαν όλοι οι έκπληκτοι υπηρέτες. Ο Τάπενι έβγαλε μια κραυγή όταν είδε την πρασινομάτα μάγισσα κι έγινε καπνός παίρνοντας και τον κουβά μαζί του.

Η μάγισσα έτρεξε πίσω του ουρλιάζοντας και μουγκρίζοντας οργισμένη.

—Φέρε μου πίσω τον κουβά μου, άτακτο ξωτικούλι!

—Δεν είναι δικός σου, ανήκει στον Αερικό Μάγο! τσίριξε ο Τάπενι.

Ο Τζινκς κι ο Φίφο, όταν είδαν τη γριά μάγισσα να χοροπηδάει ολόγυρα με το ζωηρόχρωμο φόρεμά της ν' ανεμίζει ξοπίσω της, νιώσανε μεγάλο τρόμο. Τρέξανε στα σκαλιά του κάστρου και τα κατέβηκαν όσο πιο γρήγορα μπορούσαν. Γρήγορα φτάσανε στο τελευταίο σκαλοπάτι κι έριξαν μια ματιά πάνω με την ελ-

πίδα να δουν τον Τάπενι να έρχεται. Μετά θα τρέχανε να κρυφτούν.

Ο Τάπενι κατρακυλούσε τ' απότομα σκαλιά όσο πιο γρήγορα τον πήγαιναν τα χοντρά ποδαράκια του. Ξαφνικά γλίστρησε και του έπεσε ο κουβάς που κύλησε με κρότο και πάταγο στα σκαλιά μέχρις ότου στάθηκε όρθιος. Ο Τάπενι κύλησε κι εκείνος πολλές φορές και στο τέλος έφτασε κάτω αλλά, Θεέ και Κύριε, τι νομίζετε πως έγινε; Ο Τάπενι έπεσε κατευθείαν μέσα στον κουβά· και βέβαια αυτή τη φορά ο κουβάς ήταν στ' αλήθεια μαγικός: ο Τάπενι εξαφανίστηκε!

Ο Τζινκς νόμισε πως ο Τάπενι ήταν μέσα στον κουβά, τον έπιασε και το 'βαλε στα πόδια μαζί του και με τον Φίφο στο πλάι του. Έτρεξαν στη βάρκα που είχαν αφήσει στην παραλία και, τι ευχάριστη έκπληξη! Ένας μεγάλος άσπρος κύκνος ήταν εκεί και περίμενε να φέρει τη βάρκα πίσω στο τζίνι, στο Ορμητικό Ποτάμι!

Τα δύο ξωτικά χώθηκαν στη βάρκα κι ο κύκνος ξεκίνησε αμέσως κολυμπώντας γοργά. Η μάγισσα έστεκε στην ακρογιαλιά και τους κουνούσε τη γροθιά της. Μετά έβγαλε απότομα μια παράξενη μαγική κραυγή και τα ξωτικά είδαν με τρόμο ότι η θάλασσα άρχισε να σηκώνει θεόρατα κύματα και να στριφογυρίζει τη μικρή βάρκα σαν να ήταν φελλός.

—Αυτή δεν είναι η Θάλασσα Που Χορεύει, είναι η Θάλασσα Που Πηδάει Και Ταρακουνάει! μούγκρισε ο καημένος ο Φίφο που ξανάρχισε να νιώθει ναυτία. Τζινκς, άκου με, θα βουλιάξουμε!

Μα ο κύκνος τους έσωσε. Δεν του άρεσε η φουρτουνιασμένη θάλασσα κι έτσι άνοιξε ξαφνικά τα μεγάλα άσπρα του φτερά και πέταξε στον αέρα τραβώντας και τη βάρκα μ' ένα σχοινί!

Ο Τζινκς κι ο Φίφο παραλίγο να πέσουν έξω! Ο Τζινκς την τελευταία στιγμή κρατήθηκε σφιχτά με το 'να χέρι από το πλευρό της βάρκας και με τ' άλλο από τον κουβά! Ο Φίφο αρπάχτηκε και με τα δυο χέρια και έτσι του πέρασε κι η ναυτία. Η μάγισσα δεν μπορούσε να κάνει πια τίποτ' άλλο. Τα ξωτικά την είδαν να ανεβαίνει τ' απότομα σκαλιά προς το κάστρο της.

—Βγάλε τον Τάπενι από τον κουβά, είπε ο Φίφο στον Τζινκς. Θα είναι πιο άνετα στη βάρκα.

Ο Τζινκς κοίταξε το μεγάλο κουβά και είπε:

—Γεια σου, Τάπενι, βγες έξω! Είσαι ασφαλής τώρα!

Μα βέβαια δεν υπήρχε Τάπενι εκεί μέσα! Ο κουβάς ήταν άδειος.

Ο Τζινκς έβγαλε μια κραυγή και χλόμιασε.

—Τι τρέχει; ρώτησε ο Φίφο φοβισμένος.

—Ο Τάπενι χάθηκε! είπε ο Τζινκς με δάκρυα στα μάτια του.

—Χάθηκε! Τι εννοείς; ρώτησε ο Φίφο.

—Να, χάθηκε, είπε ο Τζινκς σκουπίζοντας τα μάτια του. Ω, Φίφο, Δεν καταλαβαίνεις τι έγινε; Αυτός είναι ο Μαγικός Κουβάς κι όταν ο Τάπενι έπεσε μέσα, έπαθε αυτό που παθαίνουν και τα σκουπίδια που μπαίνουν εκεί· εξαφανίστηκε!

Ο Φίφο τρομοκρατήθηκε τόσο πολύ που τα μαλλιά του στάθηκαν ορθά στο κεφάλι του και το καπέλο του έπεσε μέσα στη βάρκα. Δεν μπορούσε να βγάλει λέξη. Δάκρυα έτρεχαν ποτάμι από τα μάτια του στα αδύνατα μάγουλά του, γιατί αγαπούσε πολύ το χοντρούλη τον Τάπενι.

—Τι... τι θα κάνουμε τ... τώρα; είπε ο Τζινκς ρουφώντας τη μύτη του. Πώς θα φέρουμε τον Τ... Τάπενι πίσω;

—Του υποσχεθήκαμε να τον σώσουμε, αν κάτι πήγαινε στραβά, είπε ο Φίφο, ξαναβρίσκοντας τη φωνή του.

—Ίσως ο Αερικός Μάγος μπορεί να μας πει πώς να τον σώσουμε, είπε ο Τζινκς σκουπίζοντας τα δάκρυά του. Σε πειράζει να γυρίσεις από την άλλη, αν θες να κλάψεις κι άλλο; Τα δάκρυά σου κάνουν μια λίμνη στα πόδια μου, Φίφο.

—Συγνώμη, είπε ο Φίφο ψάχνοντας να βρει το μαντίλι του. Ω, Τζινκς, είναι τρομερό. Τον καημένο τον Τάπενι! Και να σκεφτείς πως εμείς τον βάλαμε να πάρει τον κουβά! Εμείς φταίμε!

—Καλά, θα ζητήσουμε από τον Αερικό Μάγο να μας βοηθήσει, είπε ο Τζινκς. Σίγουρα θα ξέρει πού πήγε ο Τάπενι. Τότε θα μάθουμε πού είναι και θα πάμε να τον σώσουμε.

Ο κύκνος συνέχισε να πετάει πάνω από τη φουρτουνιασμένη θάλασσα. Όταν έφτασε στο Ορμητικό Ποτάμι, κατέβηκε και πάλι στο νερό κι η βάρκα έπεσε στο ποτάμι με ένα παφλασμό. Μετά, πολύ γοργά, ο κύκνος κολύμπησε αντίθετα στο ρεύμα του ποταμού μέχρι που έφτασε στο μέρος όπου το μικρό τζίνι φύλαγε τις βάρκες του.

Ο Τζινκς κι ο Φίφο πήδησαν έξω, πλήρωσαν το τζίνι, κι έτρεξαν να προλάβουν το λεωφορείο για να γυρίσουν πίσω στο χωριό Κούκου. Ήταν και πάλι γεμάτο κουνέλια που αυτή τη φορά γύριζαν από την Αγορά των Καρότων και των Μαρουλιών, αλλά τα δυο ξωτικά ένιωθαν τόσο λυπημένα που δεν έκαναν κανένα κολπάκι. Κάθισαν ήσυχα σε μια γωνιά ρουθουνίζοντας πού και πού θλιμμένα και σκέφτονταν τον κακομοίρη τον Τάπενι.

Κατέβηκαν στη *Βίλα Βατόμουρο* κι ανηφόρισαν στενοχωρημένα το μονοπάτι. Τότε, ο Τζινκς έγραψε ένα γράμμα στον Αερικό Μάγο που του έλεγε πως είχε το Μαγικό Κουβά και τον παρακαλούσε να έρθει να τον πάρει.

Εκείνη τη νύχτα ο μάγος ήρθε. Κι αυτή τη φορά κατέβηκε από την καμινάδα κι έσβησε τη φωτιά. Κοίταξε ολόγυρα στην κουζίνα με πολύ ενδιαφέρον να δει τον κουβά του, αλλά δεν τον είδε. Στο χέρι του είχε ένα μικρό σακούλι που κουδούνιζε, όταν το ακουμπούσε κάτω. Μα ακόμα κι ο κρότος από τόσα χρυσά νομίσματα δεν μπορούσε να κάνει τον Τζινκς και τον Φίφο να χαμογελάσουν.

—Ελέφαντες κι ελεφαντάκια! Τι πάθατε εσείς οι δυο; ρώτησε ο μάγος με απορία. Μάγια σας κάνανε;

—Όχι, ο καημένος ο Τάπενι είναι μαγεμένος! είπε ο Τζινκς και διηγήθηκε στον Αερικό Μάγο τι είχε συμβεί.

—Μμμ, δεν μπορώ να κάνω τίποτα γι' αυτό, είπε ο μάγος ανυπόμονα. Το μόνο που με νοιάζει είναι ο κουβάς. Ο σύντροφός σας χάθηκε από δική σας απροσεξία. Δώστε μου τον κουβά και πάρτε την αμοιβή σας.

—Θέλουμε να μας πείτε πού είναι ο Τάπενι, είπε ο Τζινκς σταθερά. Πρέπει να τον σώσουμε.

—Δεν μπορώ να χάνω τον καιρό μου φλυαρώντας μαζί σας, είπε ο μάγος με το μαύρο αστραφτερό μανδύα του να στροβιλίζεται γύρω του σαν να μην κρατιόταν από την ανυπομονησία. Δώστε μου τον κουβά μου κι αφήστε με να φύγω.

—Όχι, δε θα πάρεις τον κουβά μέχρι να μας πεις πού είναι ο Τάπενι, είπαν ο Φίφο και ο Τζινκς μαζί.

—Καλά, πήγε εκεί που πάνε όλα τα σκουπίδια, είπε ο μάγος.

—Και πού είναι αυτό το μέρος; ρώτησε ο Τζινκς θυμωμένα.

—Στις μεγάλες σπηλιές των Χου-Μου-Λου, είπε ο μάγος τυλίγοντας το μανδύα του σφιχτά γύρω του. Πρέπει να πάτε ως την άκρη του ουράνιου τόξου, να βρείτε ένα μανιτάρι μ' έξι κόκκινα σημάδια από κάτω του. Αφήστε το να σας οδηγήσει κάτω στις σπηλιές. Ο βασιλιάς της περιοχής είναι ένας παράξενος τύπος που τον λένε Τικ-Τοκ γιατί του αρέσει να έχει εκατοντάδες ρολόγια γύρω του. Μπορεί να σας κρατήσει αιχμάλωτους, αν πάτε εκεί, γι' αυτό να είστε προσεκτικοί. Λοιπόν, πού είναι ο κουβάς;

Ο Τζινκς τον έβγαλε από ένα ντουλάπι και τον έβαλε μπροστά στον ενθουσιασμένο μάγο. Εκείνος βάλθηκε να χορεύει τριγύρω του και χτυπούσε τα χέρια του από χαρά. Ο κουβάς έστεκε εκεί, μεγάλος και λαμπερός, φτιαγμένος από ατόφιο χρυσάφι.

—Δώστε μου λίγο χαρτί να δω αν λειτουργεί η μαγική του δύναμη ακόμα, είπε ο μάγος.

—Μα και βέβαια είναι ακόμα μαγικός, φώναξε ο Τζινκς ανυπόμονα. Πώς φαντάζεσαι πως εξαφανίστηκε ο Τάπενι, αν αυτός ο κουβάς δεν είναι μαγικός;

Μα ο μάγος ήθελε να το εξακριβώσει. Έτσι

ο Τζινκς κι ο Φίφο πήραν μια παλιά εφημερίδα και την έχωσαν στον κουβά. Εξαφανίστηκε αμέσως! Μετά άδειασαν μέσα τα φύλλα του τσαγιού από την τσαγιέρα τους. Χάθηκαν κι εκείνα. Τότε ο Τζινκς σε μια στιγμή σκανταλιάς, άρπαξε την άκρη του μακριού μανδύα του μάγου και την έχωσε στον κουβά. Ο μάγος έβγαλε μια κραυγή και την τράβηξε αμέσως έξω, προτού εξαφανιστεί.

—Ανόητο, ηλίθιο πλάσμα! φώναξε και τράβηξε τ' αυτιά του Τζινκς. Έτσι μου 'ρχεται να σε χώσω κι εσένα μέσα!

—Συγνώμη, είπε ο Τζινκς μισοφοβισμένος. Πάρε τον κουβά σου, μάγε, κι άφησέ μας το χρυσάφι.

Ο μάγος πήρε τον κουβά, έσβησε το κερί στο τραπέζι κι εξαφανίστηκε μ' ένα στροβίλισμα του μανδύα του. Ο Τζινκς κι ο Φίφο δεν μπορούσαν να καταλάβουν αν είχε βγει από την πόρτα ή είχε πηδήσει από το παράθυρο ή ακόμα, αν είχε πετάξει μέσα από την καμινάδα. Ήταν ένας πολύ παράξενος επισκέπτης.

Τα δυο ξωτικά ξεσκέπασαν το σακούλι. Ήταν γεμάτο από αστραφτερά χρυσά νομίσματα!

—Να, μια ολόκληρη περιουσία για μας! φώναξε ο Τζινκς. Μα ο Φίφο κούνησε το κεφάλι του λυπημένα.

—Τι ωφελεί να έχεις μια περιουσία, αν έχεις χάσει έναν καλό φίλο; Φύλαξε το χρυσάφι σ' ένα ντουλάπι, Τζινκς, κι ας σκεφτούμε τον Τά-

πενι. Μόλις δούμε το πρώτο ουράνιο τόξο, πρέπει να ξεκινήσουμε να βρούμε την άκρη του.

Έτσι έκρυψαν το χρυσάφι και τα δυο μικρά λυπημένα ξωτικούλια ξεντύθηκαν κι έπεσαν στο κρεβάτι, αφού ήπιαν από ένα φλιτζάνι καυτό κακάο κι έφαγαν δυο κομμάτια μαύρο ψωμί με βούτυρο ο καθένας τους.

—Καληνύχτα, Τζινκς, είπε ο Φίφο.

—Καληνύχτα, Φίφο, είπε ο Τζινκς. Αναρωτιέμαι τι να κάνει άραγε ο καημένος ο μικρός Τάπενι, εσύ;

Η Χώρα Των Χου-Μου-Λου

ΤΗΝ ΑΛΛΗ μέρα ο καιρός ήταν θαυμάσιος, χωρίς καθόλου βροχή. Κι η παράλλη ήταν κι εκείνη ωραία, αλλά το πρωί σηκώθηκε αέρας κι έπεσε μπόρα. Την ίδια στιγμή φάνηκε να λάμπει ο ήλιος κι ένα ουράνιο τόξο γυάλιζε μέσα στα σύννεφα και φώτιζε τη γη.

—Κοίτα, γρήγορα! φώναξε ο Τζινκς κι έτρεξε έξω στον κήπο. Κοίτα, Φίφο! Η άκρη του ουράνιου τόξου αγγίζει το Λόφο Τιπ-τοπ εκεί κάτω. Το βλέπεις;

—Ναι, είπε ο Φίφο ζαρώνοντας τα μάτια του. Ακουμπάει ακριβώς πάνω στο θάμνο της τσουκνίδας, νομίζω. Έλα, Τζινκς, πάρε το καλάθι σου, βάλε το καπέλο σου και φύγαμε. Μπορεί να μη βγει άλλο ουράνιο τόξο για βδομάδες και πρέπει να σώσουμε τον Τάπενι όσο πιο γρήγορα μπορούμε. Θα είναι πολύ δυστυχισμένος, ολομόναχος σε μια άγνωστη χώρα.

Ξεκίνησαν, λοιπόν, για το Λόφο Τιπ-τοπ. Ήταν ένας πολύ απότομος λόφος σκεπασμένος με τσουκνίδες και φτέρες. Τα ξωτικά προχώρησαν με κόπο μέχρι το θάμνο της τσουκνίδας, όπου νόμιζαν ότι είχαν δει την άκρη του ουράνιου τόξου. Το ουράνιο τόξο είχε από ώρα εξαφανιστεί βεβαίως, αλλά ο θάμνος με τις τσουκνίδες ήταν ακόμα εκεί.

Κάποτε έφτασαν.

—Τώρα πρέπει να βρούμε ένα μανιτάρι μ' έξι κόκκινες βούλες από κάτω του, είπε ο Φίφο.

Έτσι έψαξαν ολόγυρα κι ακόμα παραπέρα. Μα δεν υπήρχε κανένα μανιτάρι.

—Μήπως είναι κάτω από την τσουκνίδα; είπε ο Τζινκς στο τέλος.

—Ω, ω! Ελπίζω όχι! είπε ο Φίφο. Τσιμπάει τόσο πολύ!

Μα ήταν ακριβώς εκεί! Ο Τζινκς σύρθηκε από κάτω κι έβγαλε μια φωνή.

—Εδώ είναι — κι είναι και μεγάλο! Μανούλα μου! Πώς τσιμπάει κάτω από το θάμνο! Πρόσεχε, Φίφο, αλλιώς θα γεμίσεις γρατζουνιές!

Ο Φίφο σύρθηκε κι αυτός από κάτω βογκώντας. Είδε το μανιτάρι αμέσως και κοίταξε από κάτω. Είχε έξι κόκκινες βούλες.

—Υποθέτω πως πρέπει να κάτσουμε πάνω του κι αυτό θα μας πάει στη Χώρα των Χου-Μου-Λου, είπε ο Τζινκς. Καλά καλά δεν υπήρχε χώρος ούτε μόνος του να στριμωχτεί πάνω στο μανιτάρι, μα τα κατάφεραν να κάτσουν μαζί με τον Φίφο. Τότε ο Τζινκς μουρμούρισε μια ευχή:

—Χουουουουοοοοςςς!

Τι έκπληξη ήταν αυτή για τα ξωτικά! Το μανιτάρι βυθίστηκε στο χώμα με ιλιγγιώδη ταχύτητα, κόβοντάς τους την ανάσα! Σφίχτηκαν γερά πάνω του από φόβο μήπως πέσουν. Δεν μπορούσαν να δουν από πού περνούσαν, γιατί το μανιτάρι πήγαινε πολύ γρήγορα.

—Είναι σαν ανελκυστήρας, φώναξε ο Τζινκς στον Φίφο. Το μανιτάρι έβγαζε έναν τόσο δυνατό σφυριχτό ήχο που ο Τζινκς έπρεπε να ξεφωνίζει για ν' ακουστεί.

Ταραμπάμ! το μανιτάρι σταμάτησε απότομα και τα ξωτικά πήδησαν έξω αμέσως.

—Ωχ! είπε ο Τζινκς τρίβοντας το χτυπημένο του πόδι.

—Αου! βόγκηξε ο Φίφο πιάνοντας το μπράτσο του για να δει αν ήταν σπασμένο.

—Εισιτήρια, παρακαλώ, είπε μια βροντερή φωνή κι ένας μεγάλος τυφλοπόντικας ντυμένος σαν εισπράκτορας βγήκε από το σκοτάδι κι ήρθε καταπάνω τους. Βρίσκονταν πολύ κάτω από τη γη κι η σπηλιά όπου είχαν μπει φωτιζόταν από μια πράσινη λάμπα που κουνιόταν πέρα-δώθε στην οροφή.

—Εισιτήρια! είπε ο Τζινκς με αγανάκτηση. Τι θες να πεις; Εισιτήρια δεν έχουμε!

—Θα έπρεπε να έχετε εφόσον χρησιμοποιείτε τον ανελκυστήρα, είπε ο τυφλοπόντικας αυστηρά, κουνώντας τις μεγάλες σαν φτυάρια πατούσες του πέρα-δώθε. Όλοι έτσι κάνουν. Για ελάτε μαζί μου.

Ο Τζινκς δεν είχε βέβαια καμιά όρεξη να τον πάρουν και να τον κλειδώσουν μέσα κι έσπαγε το κεφάλι του να σκεφτεί τι να κάνει. Τότε του κατέβηκε μια σπουδαία ιδέα.

—Φίφο! ψιθύρισε. Αν υπάρχει κάτι που λατρεύουν οι τυφλοπόντικες περισσότερο στον κόσμο, αυτό είναι τα σκουλήκια. Μπορείς να κάνεις ένα θόρυβο σαν να κάνουν πάρτι καμιά εκατοστή σκουλήκια; Τι λες;

—Εύκολο! είπε ο Φίφο κι αμέσως ένας πολύ παράξενος ήχος πλημμύρισε τη σπηλιά. Σ' έκανε να σκεφτείς φιδογυρίσματα, στριφογυρίσματα και αναποδογυρίσματα κι ο τυφλοπόντικας μονομιάς άρχισε να ανοιγοκλείνει την ευαίσθητη μύτη του.

—Σκουλήκια! μουρμούρισε. Πού είναι; Ολόκληρος λόχος, αν κρίνω από το θόρυβο; Μα δεν μπορώ να τα μυρίσω. Ω, σκουλήκια, σκουλήκια!

Έτρεξε σε μια γωνιά και βάλθηκε να σκάβει με δύναμη κι έτσι ξέχασε τελείως τον Τζινκς και τον Φίφο που χαχάνιζαν μαζί σιγανά.

—Έλα, είπε ψιθυριστά ο Φίφο. Θα είναι απασχολημένος για λίγο.

Έτσι έφυγαν στα κρυφά και πήγαν σε μια άλλη σπηλιά ακούγοντας ένα μουρμουρητό γεμάτο απόλαυση, πίσω τους στη σκοτεινή γωνιά της σπηλιάς: Σκουλήκια! σκου-λή-κια! σκουλήκια!

Τα δυο ξωτικά περνούσαν από σπηλιά σε σπηλιά. Μερικές ήταν σκοτεινές, μερικές ήταν πιο φωτισμένες. Μερικές ήταν πελώριες, άλλες πολύ μικρές, τόσο μικρές που ο Φίφο κι ο Τζινκς έπρεπε να σκύψουν το κεφάλι τους για να μη χτυπήσουν.

Επιτέλους συνάντησαν έναν από τους Χου-Μου-Λου. Ήταν ο πιο αστείος ανθρωπάκος που είχαν δει ποτέ στη ζωή τους. Στην αρχή τα ξωτικά δεν πίστεψαν πως ήταν ζωντανός. Νόμιζαν πως ήταν μια μεγάλη μπάλα που κυλούσε!

Έτσι ακριβώς έμοιαζε, ενώ τους πλησίαζε — αλλά σε λίγο ήρθε κοντά τους. Ένα κεφάλι ξεπετάχτηκε από την μπάλα ενώ δυο μπράτσα και δυο πόδια τινάχτηκαν έξω σαν να ήταν πάνω σε ελατήρια —και να, φάνηκε ο Χου-Μου-

Λου μ' ένα πολύ στρογγυλό, χοντρουλό σώμα κι ένα αστείο μικρό κεφάλι, χέρια και πόδια!

—Θεέ μου! είπε ο Τζινκς κατάπληκτος. Πώς το κάνεις αυτό;

—Ποιο; ρώτησε ο Χου-Μου-Λου με μια πλούσια κι ευχάριστη φωνή.

—Να, να κυλάς σαν μπάλα, είπε ο Τζινκς.

—Πώς το κάνω; είπε ο Χου-Μου-Λου έκπληκτος. Λοιπόν, θα μπορούσα να σας ρωτήσω πώς και δεν το κάνετε εσείς αυτό! Είναι πολύ πιο εύκολο να κυλάς παρά να περπατάς.

—Χμμ! εξαρτάται, είπε ο Τζινκς. Πες μου τώρα, εδώ είναι η χώρα όπου έρχονται όλα τα σκουπίδια;

—Ναι, είπε ο Χου-Μου-Λου. Και ξέρεις τι περίεργο σκουπίδι μάς κατέφτασε τις προάλλες; Ήταν ένα μικρό παχουλό ξωτικό!

Ο Τζινκς κι ο Φίφο κοιτάχτηκαν με ευχαρίστηση.

—Τι απέγινε; ρώτησε ο Τζινκς.

—Ω, τον κλείδωσαν στη Σκουπιδοσπηλιά γιατί αυθαδίασε μπροστά στο βασιλιά Τικ-Τοκ, είπε ο Χου-Μου-Λου.

—Καημένε, Τάπενι! είπε ο Τζινκς. Πού είναι η Σκουπιδοσπηλιά;

—Αχά! Ώστε θέλεις να μάθεις; είπε το παράξενο μικρό πλασματάκι μ' ένα χαμόγελο. Άξαφνα έχωσε το κεφάλι του μέσα, τίναξε τα χέρια και τα πόδια του μέσα στο στρογγυλό σαν μπάλα κορμί του κι έγινε ένα κυλιστό πράγμα που πέρασε αστραπιαία ανάμεσα από τα πόδια του Τζινκς και κόντεψε να τον κάνει να σωριαστεί στο χώμα.

—Αναιδέστατο πλάσμα! είπε ο Τζινκς θυμωμένα. Κοίταξαν τον Χου-Μου-Λου να κυλάει και να φεύγει μέσα στο σκοτάδι.

—Τέλος πάντων, κάτι είναι κι αυτό. Ξέρουμε τουλάχιστον ότι ο Τάπενι είναι εδώ! είπε ο Φίφο χαρούμενα κι έκανε έναν ήχο σαν έξι καναρίνια που κελαηδούν δυνατά.

—Τι είναι αυτό, τι είναι αυτό; φώναξαν ξαφνικά ένα σωρό πλούσιες ευχάριστες φωνές και περίπου πενήντα ολοστρόγγυλοι Χου-Μου-Λου, σ' όλα τα μεγέθη, ξεχύθηκαν μέσα στη σπηλιά. Μερικοί δεν ήταν μεγαλύτεροι από μεγάλα μήλα, μερικοί ήταν πιο μεγάλοι κι από τα ίδια τα ξωτικά. Όλοι έβγαλαν έξω το κεφάλι τους μ' ένα τίναγμα και πέταξαν έξω χέρια και πόδια έτσι που, όσο να πεις τρία, η σπηλιά είχε γεμίσει από αστείους Χου-Μου-Λου.

Περιτριγύρισαν τον Τζινκς και τον Φίφο και τους έσυραν σε μια άλλη πιο μεγάλη σπηλιά. Αυτό ήταν ένα πολύ παράξενο μέρος γεμάτο από κουδουνίσματα, χτυπήματα ρολογιών και εκκρεμών. Ήταν φωτισμένο από μεγάλες λάμπες στους τοίχους κι όταν τα δυο ξωτικά κοίταξαν τριγύρω, είδαν εκατοντάδες ή και περισσότερα ρολόγια πάνω στα ράφια της σπηλιάς. Στο βάθος υπήρχε ένας θρόνος και πάνω του ήταν καθισμένος ο πιο μεγάλος απ' όλους τους Χου-Μου-Λου κρατώντας ένα ρολόι του χεριού στ' αυτί του για να το ακούει να χτυπάει.

Φορούσε μια κορόνα στο κεφάλι του στολισμένη με μικροσκοπικά χρυσά ρολογάκια. Φαινόταν πολύ παράξενη.

—Πρέπει να έχει τρέλα με τα ρολόγια! ψιθύρισε ο Τζινκς στον Φίφο.

—Ησυχία! βρυχήθηκε ο βασιλιάς. Ποιος τολμάει να μιλάει, όταν ακούω το καινούριο μου ρολόι να χτυπάει;

Ο Τζινκς ήταν έτοιμος να πει κάτι, όταν όλα μαζί τα ρολόγια στη σπηλιά άρχισαν να χτυπάνε δώδεκα η ώρα. Ο βασιλιάς ξέχασε να σουφρώσει τα φρύδια και αφουγκραζόταν μ' ένα

χαμόγελο ικανοποίησης. Μα ξαφνικά αναστέναξε και κούνησε το κεφάλι του. Έδειξε ένα μεγάλο ρολόι στον τοίχο κοντά στον Φίφο κι είπε:

—Υποθέτω πως δεν μπορείς να μου πεις πώς να κουρδίσω αυτό το ρολόι, ξωτικό;

Ο Φίφο κοίταξε το ρολόι. Δεν υπήρχε κλειδαριά πουθενά κι έτσι ήταν αδύνατον να το κουρδίσεις. Πάνω που ήταν έτοιμος να απαντήσει, ο Τζινκς του έδωσε μια σκουντιά στα πλευρά με τον αγκώνα του.

—Μεγαλειότατε, είπε ο Τζινκς λαχανιασμένος, ο φίλος μου ο Φίφο είναι καταπληκτικός στο να κουρδίζει ρολόγια. Μπορεί να σας κουρδίσει αυτό το ρολόι, αν θέλετε —αλλά πρέπει κι εσείς να του κάνετε μια χάρη σε αντάλλαγμα.

—Οτιδήποτε! Οτιδήποτε! φώναξε ο βασιλιάς ενθουσιασμένος.

—Μα, Τζινκς, δεν μπορώ, χμ..., άρχισε να μουρμουρίζει ο Φίφο στον Τζινκς που του έδωσε άλλη μια σκουντιά και τον αγριοκοίταξε τόσο πολύ που δεν ξαναμίλησε. Τι να είχε σκεφτεί άραγε ο Τζινκς;

—Να, αν αφήσετε ελεύθερο εκείνο το πράσινο ξωτικό που ήρθε τις προάλλες με τα σκουπίδια, ο φίλος μου θα σας κουρδίσει το ρολόι, είπε ο Τζινκς.

—Θα δουλεύει το ρολόι μου αν μου το κουρδίσει; ρώτησε ο βασιλιάς.

—Αυτό δεν μπορώ να σας το πω, είπε ο

Τζινκς. Μπορείτε να καθίσετε πλάι του και να περιμένετε να χτυπήσει αφού το κουρδίσει, αν θέλετε. Θα είναι ενδιαφέρον για σας.

—Εντάξει, κούρδισέ το λοιπόν, διέταξε ο στρογγυλός παχύς βασιλιάς. Βρίσκεται στη Σκουπιδοσπηλιά, βέβαια, συνέχισε ο βασιλιάς με ανυπομονησία. Θα πω σ' έναν από τους Χου-Μου-Λου να σε πάει εκεί μόλις κουρδίσεις το ρολόι. Και να πεις σ' εκείνο το ξωτικό να μην αυθαδιάζει ξανά μπροστά σε βασιλιάδες. Με είπε σκουληκομυρμηγκότρυπα!

—Ω, μα αυτό είναι κάτι που λέει πάντα όταν είναι φοβισμένος ή έκπληκτος, είπε ο Φίφο.

—Άντε, Φίφο, είπε ο Τζινκς. Μα ο Φίφο έστεκε μαραζωμένος εκειδά και δεν έκανε τίποτ. Έλα, χαζούλικο πλάσμα, δεν μπορείς να κάνεις πως βγάζεις ένα κλειδί από την τσέπη σου και να παραστήσεις τον ήχο ενός ρολογιού που κουρδίζεται; ψιθύρισε ο Τζινκς αγριεμένος.

Το πρόσωπο του Φίφο φωτίστηκε αμέσως και χαμογέλασε ενθουσιασμένος. Να κάνει έναν ήχο σαν να κουρδίζεται ρολόι; Ζήτω! Αυτό ήταν εύκολο!

Πήγε στο ρολόι και έκανε πως βγάζει ένα κλειδί από την τσέπη του. Στ' αλήθεια δεν είχε παρά ένα καρφί μέσα στην τσέπη του. Έκανε πως το έβαλε σε μια φανταστική κλειδαριά και τότε, Θεούλη μου και βόηθα Παναγιά, θα έπρεπε να ακούγατε όλοι σας πώς κουρδιζόταν εκείνο το ρολόι!

Ο Φίφο έβγαλε ένα θαυμάσιο ήχο· ένα σκληρό, γρατζουνιστό, σκουριασμένο ήχο σαν να κουρδίζεται ένα ρολόι που δεν είχε δουλέψει για αιώνες! Ο Τζινκς χοροπηδούσε από ευχαρίστηση. Πόσο ικανός ήταν ο Φίφο!

—Ορίστε! είπε ο Φίφο στο τέλος γυρνώντας στο βασιλιά που παρακολουθούσε από κοντά. Τώρα, αν φέρετε το θρόνο Σας εδώ πέρα κι ακούσετε προσεκτικά για λίγη ώρα, μπορεί το παλιό Σας ρολόι ν' αρχίσει να δουλεύει. Ίσως έχει ξεχάσει πώς γίνεται αυτό, γι' αυτό πρέπει να κρατάτε το χρόνο με τα δάχτυλά Σας για να το ενθαρρύνετε.

—Χίλια ευχαριστώ! είπε ο Βασιλιάς των Χου-Μου-Λου με ευγνωμοσύνη. Ε, Τριγυρίστρα! Πήγαινε αυτά τα ξωτικά στη Σκουπιδοσπηλιά κι ελευθέρωσε το άλλο ξωτικό!

Ένας μικρός Χου-Μου-Λου κατέφτασε. Έχωσε μέσα τα χέρια και τα πόδια καθώς και το κεφάλι του και κύλησε μακριά, μπροστά απ᾽ τα δύο ξωτικά. Εκείνα τον ακολούθησαν γοργά, κοιτάζοντας γύρω όπως έφευγαν από τη σπηλιά και είδαν το βασιλιά να σέρνει το θρόνο του κοντά στο πολύτιμο ρολόι του!

—Καλά τα κατάφερες, ψιθύρισε ο Τζινκς σφίγγοντας το χέρι του Φίφο.

Πέρασαν μέσα από πολλές σπηλιές και σκοτεινά περάσματα· στο τέλος έφτασαν σε μία που είχε μια μεγάλη ξύλινη πόρτα στερεωμένη με τεράστια καρφιά που έλαμπαν σαν λάμπες. Μια δυνατή φωνή ερχόταν πίσω από την πόρτα που τραγουδούσε ένα τραγούδι:

Ποτέ δε μου ᾽χει έρθει στο νου
Να κάνω φίλο ένα Χου-Μου-Λου.

Ποτέ, ποτέ, ποτέ!
Καθένας είναι μια μπαλίτσα
Δε μου αρέσουν μια σταλίτσα
Ποτέ, ποτέ, ποτέ!

—Ο Τάπενι! είπε ο Τζινκς κατευχαριστημένος. Θα γνώριζα την τσιριχτή φωνή του όπου κι αν ήμουνα! Τι πονηρό τραγούδι που τραγουδάει!

Ο Χου-Μου-Λου που ήταν μαζί τους στάθηκε στα πόδια του, τίναξε έξω τα χέρια και το κεφάλι του και ξεκλείδωσε την πόρτα. Ο Τζινκς κι ο Φίφο όρμησαν μέσα στη Σκουπιδοσπηλιά και να, εκεί είδαν το μικρό παχουλό Τάπενι καθισμένο σε μια στοίβα από σκουπίδια, να τραγουδάει μ' όλη του τη δύναμη ενώ δάκρυα κυλούσαν στα μάγουλά του!

—Τζινκς! Φίφο! φώναξε με κατάπληξη. Εσείς είστε στ' αλήθεια; Ω, τι ωραία! Ω, δεν ξέρετε πόσο δυστυχισμένος ήμουν! Ω, ήταν φοβερό να πέσω μέσα σ' εκείνον τον κουβά του μάγου και να βρεθώ σ' αυτές τις φρικτές σπηλιές των Χου-Μου-Λου!

—Αγαπημένε μας Τάπενι! είπαν οι άλλοι και τον αγκάλιασαν. Μα ακουγόσουν πολύ χαρούμενος όταν τραγουδούσες.

—Ω, αυτό ήταν μόνο για να μη χάσω το κουράγιο μου, είπε ο Τάπενι σκουπίζοντας τα μάτια του εύθυμα. Κοιτάξτε σε τι απαίσιο μέρος μ' έχουν βάλει! Είπαν πως ήμουνα αυθάδης με το βασιλιά τους, μόνο και μόνο γιατί φοβόμουνα κι είπα «φτου, σκουληκομυρμηγκότρυπα». Αυτή είναι η Σκουπιδοσπηλιά κι όλα τα σκουπίδια του κόσμου έρχονται εδώ, αυτό θα 'πρεπε να το έχω υπόψη μου!

Υπήρχαν στοίβες από χαρτιά, σπασμένα γυαλικά, στραβωμένα τενεκεδάκια κι ό,τι άλλο θέλεις. Καθώς κοίταζαν, ένας σωρός από πράσινα φτερά και μερικά παράξενα μανιτάρια έπεσαν και προσγειώθηκαν στα κεφάλια τους από το πουθενά.

—Να τα μας! είπε ο Τάπενι βγάζοντας μερικά φτερά που είχαν κολλήσει στο καπέλο του. Αυτό γίνεται όλη την ώρα εδώ.

—Υποθέτω πως τα φτερά αυτά και τα μανιτάρια, είναι μερικά από τα σκουπίδια που ρίχνει ο Αερικός Μάγος μέσα στον κουβά του, είπε ο Φίφο. Μοιάζουν μ᾽ εκείνα!

—Ελάτε, είπε ο Τζινκς, να μην περιμένουμε άλλο εδώ. Όταν ο βασιλιάς ανακαλύψει πως εκείνο το παλιό χαζορολόι δε δουλεύει, μπορεί να έρθει να μας κυνηγήσει.

Τα τρία ξωτικά έφυγαν τρέχοντας από τη Σκουπιδοσπηλιά. Πήραν ένα διάδρομο που έστριβε δεξιά, μακριά από τη σπηλιά του βασιλιά. Δεν είχαν προλάβει να πάνε και πολύ μακριά, όταν τους έφτασε ο θόρυβος των Χου-Μου-Λου που κυλούσαν ξοπίσω τους και τα ξωτικά σταμάτησαν κατατρομαγμένα.

Οι Χου-Μου-Λου ξεδίπλωσαν τα χέρια και τα πόδια τους κι ένας απ᾽ αυτούς φώναξε τον Φίφο.

—Ξωτικό, εσύ! Ο βασιλιάς θέλει το κλειδί που του κούρδισες το ρολόι του! Δεν έχει χτυπήσει ακόμα και θέλει να το ξανακουρδίσει!

—Χρησιμοποίησα απλά και μόνο ένα καρφί, ψιθύρισε ο Φίφο στον Τζινκς απελπισμένα. Τι να κάνω τώρα;

Μα ο Τζινκς δεν τα 'χανε ποτέ του. Άνοιξε το καλάθι του πραματευτή και ψαχούλεψε εκεί μέσα. Ο Τάπενι άκουγε το μικρό άσπρο ποντικάκι να σκούζει όπως συνήθως. Ο Τζινκς βρήκε ένα κλειδί και το έδωσε με επισημότητα στους Χου-Μου-Λου που περίμεναν. Το πήραν, ξαναστρογγύλεψαν και κύλησαν μακριά.

—Γρήγορα! είπε ο Τζινκς. Θα μας ξανακυνηγήσουν στα σίγουρα όταν καταλάβουν πως το κλειδί δεν κουρδίζει!

Έτρεξαν μαζί κι επιτέλους έφτασαν σε μια μικρή σπηλιά που είχε ένα παρτέρι από μανιτάρια ακριβώς σαν αυτό που τους είχε φέρει στις σπηλιές.

—Ωραία! φώναξε ο Τζινκς. Αν καθίσουμε πάνω τους κι ευχηθούμε να σηκωθούμε από το έδαφος, θα είμαστε ασφαλείς.

Μόλις κάθισαν στα μανιτάρια, έξι Χου-Μου-Λου ήρθαν κυλώντας και φωνάζοντας:

—Τι κάνατε στην κλειδαριά; Δεν είναι πια εκεί!

—Μακάρι να ήμασταν ασφαλείς έξω στο ύπαιθρο, ευχήθηκε ο Τζινκς γρήγορα —και προτού καταφέρουν οι Χου-Μου-Λου να κάνουν τίποτα, τα τρία μανιτάρια ξεπήδησαν ανοίγοντας τρύπες στην οροφή της σπηλιάς.

Ανέβηκαν γοργά μέχρι που τινάχτηκαν έξω από το έδαφος. Τότε σταμάτησαν και ξαπόστειλαν τα τρία ξωτικά κάνοντάς τα να στροβιλίζονται στον αέρα!

—Τώρα τρέξτε! φώναξε ο Τζινκς κι όλοι έτρεξαν να γλιτώσουν τη ζωή τους — παρόλο που δε χρειαζόταν να κάνουν τον κόπο αφού σε λίγο δεν τους κυνηγούσε πια κανένας.

Σύντομα έφτασαν στη *Βίλα Βατόμουρο*. Πόσο χάρηκε ο Τάπενι που ξανάδε το σπίτι του! Του φαινόταν πως είχε να το δει χρόνια!

—Κοίτα το χρυσάφι που μας έδωσε ο Αερικός Μάγος για το Μαγικό Κουβά! είπε ο Τζινκς πετώντας τα νομίσματα στο τραπέζι. Εσύ θα πάρεις τα περισσότερα, Τάπενι, γιατί εσύ έφερες τον κουβά!

—Όχι, να τα μοιραστούμε στα ίσα, είπε ο Τάπενι. Με σώσατε, είναι λοιπόν, δίκαιο. Θα πάμε όλοι ν' αγοράσουμε καινούρια κοστούμια και να φάμε πάστες και κουλουράκια με το τσάι μας, τι λέτε;

Έτσι βγήκαν έξω πιασμένοι χέρι χέρι και βάλθηκαν να τραγουδούν ώσπου ξελαρυγγιάστηκαν!

Μια Παράξενη Περιπέτεια Στη Χώρα Του Ονείρου

ΓΙΑ ΜΙΑ ΔΥΟ βδομάδες τα ξωτικά πέρασαν πολύ ωραία. Ξόδεψαν τα λεφτά τους σε λογιών λογιών συναρπαστικά πράγματα, και ιδιαίτερα σε φαγώσιμα. Αγόρασαν καινούριες πράσινες στολές και καινούριες κίτρινες κάλτσες. Ξόδεψαν δύο χρυσά νομίσματα για ν' αποκτήσουν μια όμορφη πολυθρόνα και κάθε βράδυ περίμενε ο καθένας τη σειρά του για να καθίσει.

Κανένας δεν ήρθε να παραγγείλει τίποτα από τα ξωτικά για δυο βδομάδες, ώσπου τότε ήρθε ο δεύτερος πελάτης τους! Ήταν μια γυναίκα που έφτασε στην πόρτα του μαγαζιού με απόλυτα συνηθισμένο τρόπο κι είπε ευγενικά:

—Καλησπέρα σας.

Ο Τζινκς σηκώθηκε να δει τι ήθελε. Είδε μια νεράιδα να στέκεται κοντά στον πάγκο, ντυμένη μ' ένα γαλάζιο φόρεμα γεμάτο σούρες και μεγάλα ασημένια φτερά πίσω της. Είχε το πιο όμορφο πρόσωπο που είχε δει ποτέ του.

—Καλησπέρα! Πώς μπορώ να σας εξυπηρετήσω; ρώτησε ο Τζινκς ενθουσιασμένος που έβλεπε μια τόσο χαριτωμένη επισκέπτρια.

—Λοιπόν, λέτε πως μπορείτε να βρείτε οτιδήποτε στον κόσμο, είπε η νεράιδα. Έτσι ήρθα να σας ζητήσω να μου φέρετε το πιο μακρύ φτερό από την ουρά του Γαλάζιου Πουλιού. Ζει στη Χώρα του Ονείρου, ξέρετε, και δε θα αφήσει εύκολα κανέναν να πάρει έστω και ένα από τα φτερά του, ούτε καν απ' αυτά που του πέφτουν. Αλλά μου χρειάζεται οπωσδήποτε ένα, για ν' ανακατεύω τα μαγικά μου. Τα μάγια μου δεν πιάνουν καλά αλλιώς!

—Θα σας φέρουμε ό,τι ζητήσατε! είπε ο Τζινκς χαμογελώντας στην όμορφη νεράιδα. Πότε το θέλετε;

—Ω, όσο πιο γρήγορα μπορείτε, είπε η νεράιδα. Με λένε Ροδοδάχτυλη και μένω εδώ δίπλα σας, στη *Βίλα Κερασιά*. Ελπίζω να έρθετε καμιά μέρα να πάρουμε το τσάι μας μαζί.

—Μετά χαράς, είπε ο Τζινκς. Ε, Τάπενι, Φίφο, ελάτε να σας συστήσω στη νεράιδα Ροδοδάχτυλη.

Της έσφιξαν το χέρι κι είπαν ναι, βέβαια, θα της έφερναν ό,τι ήθελε.

—Ξέρετε τον πιο σύντομο δρόμο για να πάτε στη Χώρα του Ονείρου; ρώτησε η Ροδοδάχτυλη.

—Όχι, όχι, είπε ο Τζινκς. Εσείς;

—Ναι, είπε η νεράιδα. Είναι καλύτερα να πάτε εκεί στον ύπνο σας, παρόλο που μερικοί θα σας πούνε να πάτε με το Αεροπλάνο της Χώρας του Ονείρου. Μα είναι πολύ ακριβό κι εκτός απ' αυτό, καμιά φορά σε πάει στη Χώρα του Εφιάλτη που δεν είναι καθόλου ωραία.

—Λοιπόν, θα πάμε στον ύπνο μας, είπε ο Τζινκς. Θα πάμε απόψε κιόλας!

—Ευχαριστώ, είπε η νεράιδα και γύρισε στο σπίτι της χαρούμενη που είχε γνωρίσει αυτά τα ευγενικά πλασματάκια, τα τρία μικρά ξωτικά.

Αφού τα ξωτικά πήραν το τσάι τους, ετοιμάστηκαν να πάνε στη Χώρα του Ονείρου. Κάθισαν όλα μαζί στη μεγάλη πολυθρόνα κι ο Τζινκς τούς μουρμούρισε ένα μαγικό τραγουδάκι για να τους πάρει ο ύπνος. Σε λίγο τα μάτια τους έκλεισαν κι ο Φίφο άρχισε να ροχαλίζει ελαφρά. Είχαν αποκοιμηθεί!

Η πολυθρόνα όπου κάθονταν, άρχισε να κουνιέται πέρα δώθε στα τέσσερα πόδια της. Με τα κουνήματα έφτασε μέχρι την πόρτα, την έσπρωξε και την άνοιξε. Τότε μεγάλα μαύρα φτερά φύτρωσαν πίσω της κι υψώθηκε στο βραδινό ουρανό για να πετάξει προς τον ήλιο που βασίλευε. Ήταν ένα παράξενο θέαμα.

Τα τρία μικρά ξωτικά κοιμόντουσαν βαθιά. Η πολυθρόνα πετούσε όλο και πιο μακριά και τελικά έφτασε σε μια χώρα όπου ο ήλιος έλαμπε ζωηρά μέσα από μια αχνή ομίχλη που απλωνόταν ολόγυρα. Αυτή ήταν η Χώρα του Ονείρου.

Η πολυθρόνα πέταξε ελαφρά προς τα κάτω και προσγειώθηκε με γδούπο σ' έναν όμορφο κήπο. Ο γδούπος ξύπνησε τα ξωτικά που ανακάθισαν κι έτριψαν τα μάτια τους. Τα 'χασαν όταν είδαν πως, παρόλο που ήταν ακόμα καθισμένα στην αναπαυτική πολυθρόνα τους, δε βρίσκονταν πια στο άνετο σπιτάκι τους!

—Φτου, σκουληκομυρμηγκότρυπα! είπε ο Τάπενι φυσικά, κοιτάζοντας γύρω. Πού είμαστε;

—Μα, στη Χώρα του Ονείρου, μάλλον, είπε ο Τζινκς. Ελάτε —πρέπει να πάμε να βρούμε το Γαλάζιο Πουλί, αν μπορούμε.

—Μα τι θα γίνει με την πολυθρόνα μας; είπε ο Φίφο. Δεν μπορούμε να την αφήσουμε εδώ.

—Να την πάρουμε μαζί μας τότε, είπε ο Τζινκς. Μπελάς είναι, μα οπωσδήποτε δεν μπορούμε να αφήσουμε μια τέτοια ωραία πολυθρόνα εδώ!

Έτσι ο Τζινκς κι ο Φίφο σήκωσαν τη μεγάλη πολυθρόνα κι άρχισαν να προχωράνε τρεκλίζοντας μαζί της ενώ ο Τάπενι κρατιόταν από το ένα πόδι της πολυθρόνας.

Και τότε, καθώς κατέβαιναν το μονοπάτι του κήπου, έγινε ένα πολύ παράξενο κι αλλόκοτο πράγμα! Η πολυθρόνα ξαφνικά έγινε λιγότερο βαριά και πολύ πιο μαλακιά και, πριν περάσουν μερικά λεπτά, ο Τζινκς έβγαλε μια ξαφνιασμένη κραυγή.

—Κοίτα πράγματα! Τι έγινε; Κοίτα την πολυθρόνα μας!

Οι άλλοι κοίταξαν —μα δεν ήταν πια πολυθρόνα! Ήταν ένα μεγάλο παχουλό μωρό μ' ένα φουντωτό φουστανάκι γεμάτο μπιχλιμπίδια κι ένα άσπρο σκουφάκι!

Τα ξωτικά το ακούμπησαν κάτω στο χορτάρι, μ' έκπληξη και τρόμο. Ένα μωρό! Τι στο καλό να το κάνουν αυτό το μωρό; Ήταν τόσο μεγάλο, σχεδόν όσο κι αυτοί οι ίδιοι!

—Τέτοια πράγματα συμβαίνουν συνέχεια στη Χώρα του Ονείρου, είπε ο Τζινκς μ' ένα στεναγμό. Τα πράγματα αλλάζουν, πριν καλά καλά καταλάβεις πού βρίσκεσαι. Τι θα κάνουμε;

—Ουά-ουα-ουααα! έκλαιγε το μωρό πολύ δυνατά.

—Έλα, έλα τώρα! είπε ο Τάπενι χαϊδεύοντάς το. Άκου δω, Τζινκς, καποιανού πρέπει να είναι αυτό το μωρό, ξέρεις. Δεν είναι δικό μας. Δεν μπορούμε να το αφήσουμε εδώ, γι᾽ αυτό καλύτερα να πάμε να μάθουμε ποιανού είναι.

—Καλά μείνε μαζί του μέχρι να πάμε εμείς να μάθουμε, είπε ο Φίφο. Να ρωτήσουμε στο μεγάλο σπίτι που, απ᾽ ό,τι φαίνεται, βρισκόμαστε μέσα σον κήπο του. Μπορεί το μωρό να είναι κανενός απ᾽ τους ενοίκους!

—Εντάξει, είπε ο Τζινκς. Να μείνεις εδώ με το παιδί, Τάπενι. Δε θ᾽ αργήσουμε.

Ξεκίνησαν, λοιπόν, και σε λίγο έφτασαν σ᾽ ένα μεγάλο σαραβαλιασμένο σπίτι· φαινόταν να μην έχει καθόλου πόρτες, όσο κι αν έψαχναν ο Τζινκς κι ο Φίφο δεν έβρισκαν καμιά.

—Η Χώρα του Ονείρου είναι ένα χαζό μέρος, είπε ο Φίφο ανυπόμονα. Τίποτα δεν είναι σωστό.

Ξαφνικά από τη γωνία του σπιτιού φάνηκε μια παχιά νταντά που έσπρωχνε ένα μεγάλο καροτσάκι. Το κουνούσε ελαφρά και τραγουδούσε ένα τραγουδάκι. Ο Τζινκς αγκάλιασε σφιχτά τον Φίφο κι έδειξε τη γυναίκα.

—Να τη ρωτήσουμε για το μωρό!

Έτσι πήγαν κοντά της κι έκαναν μια υπόκλιση.

—Σας παρακαλώ, μήπως έχετε χάσει ένα μωρό; ρώτησε ο Τζινκς με ευγένεια.

—Ένα μωρό; είπε η γυναίκα με κατάπληξη. Κοίταξε στο καροτσάκι της κι έβγαλε ένα δυνατό ουρλιαχτό.

—Πάει! το χρυσούλι μου χάθηκε! Ω, πού να είναι, πού να βρίσκεται;

—Ξέρουμε εμείς πού είναι, είπε ο Τζινκς με προθυμία. Είναι κάτω στον κήπο. Φέρτε το καροτσάκι να το πάρετε.

—Εσείς το πήρατε; Ω, σκληρόκαρδα ξωτικά! φώναξε η νταντά θυμωμένη. Περιμένετε να πάρω το λατρεμένο μου μωρό πίσω και θα σας δείξω εγώ τι θα σας κάνω! Ω, το καημένο μου, το χρυσό μου πλασματάκι!

Τα ξωτικά έτρεξαν πίσω στον κήπο ενώ η νταντά τούς ακολουθούσε με το καρότσι. Μα όταν έφτασαν στον Τάπενι, στάθηκαν γεμάτοι απογοήτευση. Δεν είχε κανένα μωρό μαζί του, μόνο ένα μεγάλο γκρίζο γαϊδουράκι που γκάριζε γενναία. Φορούσε το άσπρο σκουφάκι του μωρού και φαινόταν πολύ παράξενο.

—Πού είναι το μωρό; ρώτησαν τον Τάπενι.

—Δεν ξέρω, είπε ο Τάπενι με δυστυχισμένο ύφος. Ξαφνικά άρχισε να μεταμορφώνεται σε γαϊδαράκο. Δεν μπορούσα να το εμποδίσω.

—Και τώρα τι θα κάνουμε; φώναξε ο Φίφο θυμωμένα. Βρήκαμε μια νταντά που έχει χάσει ένα μωρό. Κοίτα, να τη, έρχεται κι είναι και πολύ θυμωμένη!

Γύρισαν να τη δουν αλλά καθώς έστριβαν, η νταντά δεν ήταν πια νταντά μα ένα χασαπόπαιδο με μια άσπρη ποδιά δεμένη γύρω του και το καροτσάκι ήταν ένα δίτροχο κάρο! Το γαϊδουράκι πισωπάτησε μέχρι που το κάρο ζεύτηκε, το χασαπόπαιδο σφύριξε και τότε φύγανε προς τον κατήφορο μ' ένα γρήγορο καλπασμό ενώ το σκουφί του γαϊδαράκου ανέμιζε πάνω-κάτω σύμφωνα με το βάδισμά του.

—Ω, δόξα τω Θεώ, το ξεφορτωθήκαμε πια το μωρό! είπε ο Φίφο.

—Ναι, μα χάσαμε την πολυθρόνα μας, είπε ο Τάπενι λυπημένα.

—Ελάτε, είπε ο Τζινκς. Πρέπει να ρωτήσουμε πού μπορούμε να βρούμε το Γαλάζιο Πουλί.

Κατηφόρισαν το μονοπάτι και βγήκαν από την πόρτα του κήπου. Πριν περάσει πολλή ώρα συνάντησαν έναν άντρα καβάλα σ' ένα χοντρό γουρούνι και τον ρώτησαν αν ήξερε πού μπορούσαν να βρουν το Γαλάζιο Πουλί.

—Ζει με τον κύριό του, τον Μπισκότο τον Μακρυγένη, στο τελευταίο σπιτάκι του διπλανού χωριού, είπε ο άντρας κι έφυγε. Το γουρούνι του είχε μεταμορφωθεί σε γάτα ενώ μιλούσε, αλλά δεν έδειχνε να δίνει καμιά σημασία.

Τα τρία ξωτικά έφτασαν γρήγορα στο διπλανό χωριό. Ήταν ένα ολοστρόγγυλο μέρος και κάθε σπίτι ήταν χτισμένο κοντά στο πλαϊνό του, μέσα σ' ένα στενό κύκλο. Έτσι δεν υπήρχε ούτε πρώτο σπίτι ούτε τελευταίο!

Ο Τζινκς χτύπησε την πόρτα ενός σπιτιού κι ένα κοριτσάκι άνοιξε.

—Παρακαλώ, μπορείς να μου πεις ποιο είναι το τελευταίο σπίτι του χωριού; ρώτησε.

—Είναι δίπλα στο προτελευταίο, είπε το μικρό κοριτσάκι και κοπάνησε την πόρτα που εξαφανίστηκε στη στιγμή.

—Μεγάλη βοήθεια μας έδωσες! είπε ο Τζινκς με απογοήτευση.

—Το βρήκα! είπε ο Τάπενι αστραποβολώντας. Αν ο Φίφο μπορέσει να κάνει έναν ήχο που να θυμίζει σποράκια για πουλιά που πέφτουν χάμω, ίσως το Γαλάζιο Πουλί να βγει από κανένα παράθυρο και τότε θα δούμε ποιο σπίτι είναι το τελευταίο!

Έτσι ο Φίφο έβγαλε έναν πολύ παράξενο ήχο που έκανε καμιά πενηνταριά καφετιά σπουργίτια να πετάξουν μονομιάς κατευθείαν πάνω στο κεφάλι και τους ώμους του!

Τα τίναξε από πάνω του και τα τρία ξωτικά κοίταξαν προσεκτικά γύρω γύρω στο χωριό. Για τρομερή τους έκπληξη είδαν ένα γαλάζιο πουλί να κοιτάζει από κάθε παράθυρο!

—Ε, αφού βλέπουμε πως υπάρχουν τόσα πολλά πουλιά, ας διαλέξουμε εμείς ένα, είπε ο Φίφο και προχώρησε προς ένα σπίτι. Μα μόλις το πλησίασε, το γαλάζιο πουλί εξαφανίστηκε και στη θέση του δεν υπήρχε τίποτ' άλλο παρά μια γαλάζια κουρτίνα που ανέμιζε στον αέρα. Το επόμενο γαλάζιο πουλί αποδείχτηκε πως ήταν ένα γαλάζιο βάζο και το άλλο ήταν ένα κομμάτι γαλάζια κορδέλα δεμένη σε μια κουρτίνα. Όλα αυτά ήταν πολύ αλλόκοτα. Η Χώρα του Ονείρου ήταν σίγουρα ένα πολύ παράξενο μέρος.

Τελικά, έτσι όπως ήταν απελπισμένα, άκουσαν πίσω τους θόρυβο από βήματα κι είδαν ένα μπισκότο να 'ρχεται προς το μέρος τους μ' ένα όμορφο γαλάζιο πουλί καθισμένο στον ώμο του. Είχε μια μακριά γκρίζα γενειάδα που σκούπιζε το χώμα και φαινόταν πολύ γέρικο και σοφό.

—Ζήτω! είπε ο Τζινκς ενθουσιασμένος. Να το Γαλάζιο Πουλί. Ε, Μπισκότο, μας κάνεις μια χάρη;

—Εξαρτάται τι θα ζητήσετε, είπε το μπισκότο και σταμάτησε. Το Γαλάζιο Πουλί άνοιξε το ράμφος του κι έβγαλε έναν ήχο σαν παγονιού. Ο Τάπενι παρά λίγο να πέσει κάτω από την τρομάρα του, γιατί ήταν ένας πολύ δυνατός και τραχύς ήχος.

—Λοιπόν, πολύ θα θέλαμε ένα φτερό από την ουρά του πουλιού σου, είπε ο Φίφο. Το Γαλάζιο Πουλί έβγαλε αμέσως μια κραυγή και πέταξε κατευθείαν ψηλά στον αέρα. Πήγε στην καμινάδα ενός από τα σπίτια και κατέβηκε στριφογυριστά μέσα της.

«Α!» σκέφτηκε ο Τάπενι. «Ώστε εκεί μένει». Κοίταξε να δει το όνομα του σπιτιού. Ήταν το «Εδώ μένω». Ο Τάπενι σκέφτηκε πως ήταν όμορφο όνομα κι εύκολο να το θυμάσαι.

—Μπορεί να σας δώσω ένα φτερό, αν κι εσείς κάνετε κάτι για μένα, είπε το μπισκότο. Θέλω να παραδώσετε ένα πακέτο στον κύριο Μυταρά στο Λόφο Πάνω-Κάτω. Αν του το πάτε με ασφάλεια, θα δω τι μπορώ να κάνω για να βρω ένα φτερό.

—Ω, ευχαριστούμε! είπε ο Τζίνκς κατευχαριστημένος. Το μπισκότο έτρεξε στο σπίτι του και βγήκε έξω μ' ένα μεγάλο δέμα τυλιγμένο σε καφετί χαρτί και δεμένο με σπάγκο. Το έδωσε στον Τζινκς.

Ήταν πολύ βαρύ. Ο Τζινκς παραπάτησε κάτω από το βάρος, αλλά ο Φίφο τον βοήθησε αμέσως. Ξεκίνησαν προς την κατεύθυνση του Λόφου Πάνω-Κάτω που τους είχε δείξει το Μπισκότο ο Μακρυγένης.

Στα μισά του δρόμου ο Φίφο είπε πως έπρεπε να ξεκουραστεί, έτσι κάθισαν χάμω κι ακούμπησαν το δέμα στη γη. Μα δεν είχαν προλάβει καλά καλά να το ακουμπήσουν και το δέμα έβγαλε έξι πόδια κι έφυγε βολίδα μακριά τους! Ο Τάπενι πήδησε ψηλά με μια κραυγή και το έπιασε.

Εκείνο έβγαλε δυο χέρια και του έδωσε ένα δυνατό χαστούκι στη μύτη! Ο Φίφο το πήρε από τον κακομοίρη τον Τάπενι και το έχωσε κάτω από τη μασχάλη του. Μετά, το δέμα έστριψε κι έγινε σαν πακέτο σε σχήμα τσουρεκιού και κύλησε γρήγορα μακριά.

—Τι πράγματα είν᾿ αυτά; είπε ο Φίφο με απελπισία, προσπαθώντας να το αρπάξει. Να, Τζινκς, πιάσ᾿ το κι εσύ!

Ο Τζινκς το έπιασε και στη στιγμή το χαρτί σχίστηκε κι έπεσε, ο σπάγκος λύθηκε κι εκατοντάδες χαρτιά χύθηκαν έξω κι άρχισαν να πετάνε τριγύρω στον αέρα. Ήταν φοβερό.

—Αυτό είναι σαν εφιάλτης, είπε ο Τζινκς. Κι εκείνος κι οι άλλοι βάλθηκαν να μαζεύουν τα

χαρτιά όσο πιο γρήγορα μπορούσαν γιατί ο άνεμος φυσούσε δυνατά. Τότε ξαφνικά, προτού καλά καλά καταλάβουν τι γινόταν, όλα τα χαρτιά πέταξαν μαζί, το πακέτο ξανατυλίχτηκε και δέθηκε και να το, τέλεια φτιαγμένο κι ακίνητο κάτω από τη μασχάλη του Τζινκς!

—Ας μη χάνουμε άλλο χρόνο! είπε ο Τζινκς

και ξεκίνησαν τρέχοντας για το σπίτι του κυρίου Μυταρά που φαινόταν κιόλας καθαρά στο λόφο.

Το δέμα φέρθηκε φρόνιμα μέχρι να φτάσουν εκεί. Χτύπησαν την πόρτα αλλά δεν πήραν καμιά απάντηση. Μόνο ένας περίεργος θόρυβος ακουγόταν. Ο Φίφο κρυφοκοίταξε μέσα από το παράθυρο κι είδε τον κύριο Μυταρά να κάθεται σε μια καρέκλα και να κοιμάται βαθιά.

—Ας αφήσουμε το πακέτο στο παράθυρο κι ας φύγουμε, είπε ο Φίφο! Έτσι έσπρωξαν το δέμα μέσα και γύρισαν να φύγουν. Μα το καταραμένο το πακέτο άρχισε να κάνει ένα θόρυβο σαν άλογο που χλιμιντρίζει κι έτσι ξύπνησε τον κύριο Μυταρά μεμιάς. Εκείνος έτρεξε στο παράθυρο και φώναξε έξω:

—Ε, εσείς εκεί! Το άλογό μου ξανάφυγε από το χωράφι. Βάλτε το πίσω, σας παρακαλώ.

—Όχι, δεν είναι το άλογο! είπε ο Τζινκς. Είναι το δέμα που σου φέραμε από τον Μπισκότο τον Μακρυγένη, που κάνει τέτοιο θόρυβο!

Ένα δυνατό χλιμίντρισμα ήχησε στ' αυτί του. Γύρισε γύρω γύρω και για μεγάλη του έκπληξη είδε ένα μεγάλο άλογο ακριβώς πλάι του! Τι περίεργο!

—Πηγαίνετέ το στον Μακρυγένη! φώναξε ο κύριος Μυταράς. Θέλει να το δανειστεί για να πάει στην αγορά.

Ο Τζινκς άρπαξε το χαλινάρι γύρω από το λαιμό του αλόγου και το οδήγησε πιο πέρα. Οι άλλοι πήγαν μαζί του, χαρούμενοι που επιτέλους το καταραμένο εκείνο δέμα είχε παραδοθεί.

—Εμπρός, πάμε! Εμπρός!

Στράφηκε να δει γιατί το άλογο αργούσε τόσο πολύ να έρθει —και, σε καλό μας, δεν υπήρχε καθόλου άλογο στην άκρη του σχοινιού! Υπήρχε ένας μεγάλος ιπποπόταμος.

—Φτου, σκουληκομυρμηγκότρυπα! τσίριξε ο Τάπενι και το 'βαλε στα πόδια.

Ο Τζινκς κοίταξε τον ιπποπόταμο με απελπισία, αλλά έδειχνε εντελώς άκακος, μόνο λίγο αργόστροφος. Ήρθε ήσυχα τσαλαπατώντας με τα πόδια του και κοίταζε τον Τζινκς ζαρώνοντας τα ματάκια του.

—Δεν ξέρω τι θα πει ο Μακρυγένης, αν μας δει να του φέρνουμε έναν ιπποπόταμο αντί για άλογο, είπε ο Τζινκς. Μα ο Τάπενι κι ο Φίφο είχαν κιόλας προχωρήσει πολύ και δεν τον άκουγαν. Δεν τους πολυάρεσε να είναι τόσο κοντά σ᾽ έναν ιπποπόταμο!

Ο Τζινκς όμως δε χρειάστηκε ν᾽ ανησυχήσει —γιατί μέχρι να φτάσει ο ιπποπόταμος στο χωριό, δεν ήταν πια ιπποπόταμος, μα ένα καλοθρεμμένο παχουλό γουρουνάκι που φορούσε —για κάποιο άγνωστο λόγο— γαλότσες και στα τέσσερα πόδια του.

—Πού μένει το μπισκότο; ρώτησε ο Τζινκς καθώς έμπαιναν στο χωριό.

—Μένει στο «Εδώ Μένω», είπε ο Τάπενι χαρούμενος που είχε προσέξει το όνομα.

Το πρώτο σπίτι που κοίταξαν το λέγανε «Εδώ Μένω», έτσι ο Τζινκς ανέβηκε το μονοπάτι και χτύπησε στην εξώπορτα. Μια αγριοπρόσωπη γυναίκα άνοιξε και τους ρώτησε τι ήθελαν.

—Λέτε στον Μακρυγένη πως γυρίσαμε; είπε ο Τζινκς.

Η γυναίκα τούς έκανε μια γκριμάτσα και απάντησε εκνευρισμένα.

—Τι κάθεσαι και λες; Ο Μακρυγένης δε μένει εδώ! Ζει στο τελευταίο σπίτι.

—Λοιπόν, Τάπενι, είσαι κουτός! είπε ο Τζινκς πειραγμένος και κατηφόρισε το μονοπάτι. Θα έπρεπε να είχες προσέξει το όνομα του σπιτιού του Μακρυγένη καλύτερα. Δε μένει εδώ!

Μετά πήγανε στο επόμενο σπίτι —και, τι στην ευχή!— το λέγανε κι αυτό «Εδώ Μένω»! Και το άλλο και το άλλο το ίδιο, κι όλα τους. Ήταν τόσο τρελό που δεν έβρισκες λόγια να το περιγράψεις.

Δεν έμενε παρά να χτυπήσουν σε κάθε πόρτα και να ρωτήσουν, αν έμενε εκεί ο Μακρυγένης. Μαζί σεργιάνισαν το χωριό και, βέβαια, το τελευταίο σπίτι που χτύπησαν ήταν και το σωστό σπίτι.

—Καλά όλοι λέγανε πως ο Μακρυγένης έμενε στο τελευταίο σπίτι κι είχαν δίκιο, είπε ο

Τζινκς σκυθρωπά. Αυτό είναι το πιο χαζό μέρος που έχω δει στη ζωή μου.

Ο Μακρυγένης τους έμπασε μέσα αμέσως. Τους έδωσε σοκολατένιο κέικ που είχε γεύση πιπερόριζας και για ρόφημα κακάο με γεύση λεμονάδας. Το Γαλάζιο Πουλί καθόταν στον ώμο του όλη την ώρα και κοίταζε τα ξωτικά. Στην ουρά του είχε ένα πολύ μακρύ φτερό κι ο Τζινκς δεν έβλεπε την ώρα να το αποκτήσει.

Ο Μακρυγένης δε φάνηκε να νοιάζεται καθόλου που είχε πάρει ένα γουρούνι αντί για ένα άλογο για να τον πάει στην αγορά, έτσι όλα ήταν εντάξει. Όταν αποτέλειωσαν το φαγητό τους, ο Τζινκς τού θύμισε πως τους είχε υποσχεθεί ένα φτερό από την ουρά του Γαλάζιου Πουλιού.

—Καλά, πάρτε ένα, αν θέλετε, είπε το Μπισκότο χαμογελώντας. Ο Τζινκς ήταν ενθουσιασμένος. Έκανε ν' αρπάξει το Γαλάζιο Πουλί που έμπηξε μια κραυγή και πέταξε γύρω στο δωμάτιο. Τα τρία ξωτικά το κυνήγησαν παλεύοντας να του πάρουν το μακρύ γαλάζιο φτερό. Μα εκείνο το πουλί ήταν πολύ επιδέξιο. Κατάφερνε συνέχεια να ξεφεύγει. Κρυβόταν πίσω από λογής λογής πράγματα κι έτρεχε κάτω από το τραπέζι.

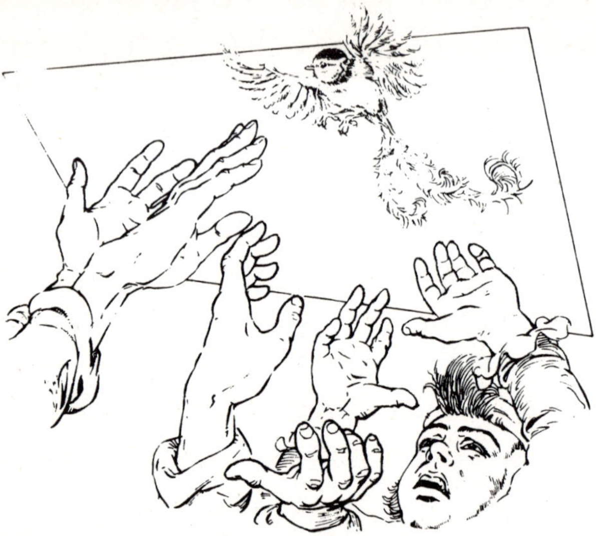

Μα στο τέλος ο Τζινκς το τσάκωσε. Ναι, τα κατάφερε! Το άρπαξε από την ουρά και με προσοχή τράβηξε το πιο μακρύ φτερό για να μην πονέσει το όμορφο πουλί.

Καθώς όμως το τραβούσε, έγινε το πιο παράξενο και πιο ενοχλητικό πράγμα. Το πουλί μεταμορφώθηκε σε μια γαλάζια μαϊμού και, αχ, βάσανά του, ο Τζινκς της ξερίζωσε την ουρά! Και του έμεινε στα χέρια, μια μπλε, τριχωτή ουρά, που δεν έμοιαζε καθόλου με φτερό από ουρά πουλιού! Η μαϊμού σκαρφάλωσε σαν βολίδα στην κορυφή της κουρτίνας κι έκατσε εκεί πάνω, χωρίς ουρά, βρίζοντας τον Τζινκς με μια δυνατή, φλύαρη φωνή.

—Κοίτα δω, είπε ο Τζινκς νευριασμένος, στο χαμογελαστό Μπισκότο. Άσ' τα αυτά! Μεταμόρφωσε ξανά αυτή τη μαϊμού σε πουλί κι άσε με να πάρω ένα φτερό. Το έχεις υποσχεθεί!

Το Μπισκότο γέλασε πιο δυνατά κι ο Τζινκς θύμωσε ακόμα πιο πολύ. Όρμησε πάνω στον Μακρυγένη —και τότε, μέχρι να πεις κύμινο, όλα διαλύθηκαν κι εξαφανίστηκαν! Ήταν πολύ περίεργο. Οι τοίχοι του σπιτιού γκρεμίστηκαν μ' ένα γδούπο, η στέγη πέταξε μακριά κι ολόκληρο το χωριό μαζί με το Μπισκότο και το Γαλάζιο Πουλί, εξαφανίστηκε σαν αστραπή.

Μόνο τα τρία ξωτικά απόμειναν. Στέκανε εκεί αποσβολωμένα. Ο Τζινκς κρατούσε ακόμα την ουρά της μαϊμούς στο χέρι του. Τίποτα δεν είχε απομείνει από το χωριό —εκτός από μια μικρή πολυθρονίτσα πίσω τους.

Τα ξωτικά κάθισαν πάνω της τόσο σαστισμένα που δεν μπορούσαν να βγάλουν άχνα. Ξαφνικά ένιωσαν να νυστάζουν. Τα κεφάλια τους έπεσαν μπροστά κι ο Φίφο άρχισε να ροχαλίζει ελαφρά.

Και, μόλις αποκοιμήθηκαν, η μικρή πολυθρόνα υψώθηκε στον αέρα κι έβγαλε φτερά! Πέταξε στο χωριό Κούκου, προσγειώθηκε απαλά στο έδαφος, άνοιξε την πόρτα της *Βίλας Βατόμουρο* και μπήκε μέσα.

Μετά από λίγο τα τρία ξωτικά ξύπνησαν. Κοίταξαν ολόγυρα και τα ᾿χασαν όταν είδαν πως είχαν γυρίσει πίσω στο σπίτι τους· κι ακόμα πιο εκπληκτικό ήταν πως βρίσκονταν στη δική τους την πολυθρόνα! Δεν ήταν απίθανο;

—Πρέπει να ήταν όλα ένα όνειρο! είπε ο Τάπενι μ᾿ ένα χασμουρητό.

—Όχι, δεν ήταν, είπε ο Τζινκς χτυπώντας τον με την ουρά της μαϊμούς. Κοίτα δω!

Ακριβώς κείνη τη στιγμή ακούστηκε ένας χτύπος στην πόρτα και μπήκε η νεράιδα Ροδοδάχτυλη.

—Σας άκουσα που μιλούσατε και κατάλαβα πως γυρίσατε, είπε με αγωνία. Τα καταφέρατε να μου φέρετε το φτερό;

—Όχι, είπε ο Τζινκς λυπημένα, κουνώντας το κεφάλι του. Της έδειξε την ουρά της μαϊμούς. Αυτό φέραμε μόνο.

—Μα αυτό είναι ακριβώς το φτερό που ζητούσα! είπε η Ροδοδάχτυλη και πήρε την ουρά από τον Τζινκς γεμάτη χαρά.

Καθώς όμως την κρατούσε εκείνη, η ουρά μεταμορφώθηκε σ᾽ ένα μακρύ κυματιστό φτερό! Ήταν απίστευτο.

—Αγάπες μου εσείς! φώναξε η Ροδοδάχτυλη κι έδωσε από ένα φιλί στον καθένα. Τι χαρά που έκαναν! Τώρα ελάτε για τσάι μαζί μου να δοκιμάσετε και το καινούριο μου κέικ σοκολάτας. Είναι πολύ νόστιμο. Κι εγώ θα δώσω δέκα χρυσά νομίσματα στον καθένα σας μιας και φανήκατε τόσο ικανοί.

—Δε θέλουμε το χρυσάφι, είπε ο Τζινκς. Θέλουμε μόνο τη φιλία σου, Ροδοδάχτυλη. Με χαρά ερχόμαστε για τσάι στο σπίτι σου!

Το καινούριο κέικ σοκολάτας ήταν υπέροχο! Ο Τζινκς έφαγε δύο κομμάτια, η Ροδοδάχτυλη ένα, ο Φίφο τρία κι ο Τάπενι τέσσερα, έτσι δεν έμεινε και πολύ, όπως καταλαβαίνετε!

Το Κάστρο Του Βροντερού Γίγαντα

ΤΗΝ ΑΛΛΗ μέρα ήρθε ένας καινούριος πελάτης στη *Βίλα Βατόμουρο*. Ήταν ένας κόκκινος νάνος· έφτασε οδηγώντας ένα γυαλιστερό πράσινο αυτοκίνητο. Σταμάτησε έξω από το σπιτάκι και κορνάρισε δυνατά.

Ο Τζινκς κι οι άλλοι κρυφοκοίταξαν από το παράθυρο. Είδαν τον κόκκινο νάνο αλλά η όψη του δεν τους άρεσε καθόλου. Ήταν ένα πολύ αντιπαθητικό πλάσμα ντυμένο πολύ εντυπωσιακά με κόκκινο μεταξωτό, στολισμένο με κουμπιά από αληθινό χρυσάφι. Στο καπέλο του υπήρχε ένα φτερό γεμάτο πολύτιμες πέτρες και στη μακριά του μύτη φορούσε γυαλιά με διαμάντια που άστραφταν κάθε φορά που κουνούσε το κεφάλι του.

Κορνάρισε ξανά πιο δυνατά.

—Λέτε να θέλει να πεταχτούμε έξω και να του κάνουμε υπόκλιση; είπε ο Τζινκς με απέχθεια. Ας περιμένει όσο θέλει!

—Τουτ-τουτ-τουτ! συνέχιζε το αυτοκίνητο κι όλοι οι γείτονες έβγαλαν τα κεφάλια τους στα παράθυρα για να δουν τι ήταν εκείνος ο θόρυβος.

Ο Τζινκς έβγαλε κι εκείνος το κεφάλι του.

—Τι κορνάρεις έτσι; φώναξε. Σ' εμποδίζει τίποτα;

—Θέλω να σου μιλήσω, είπε ο νάνος.

—Εγώ όμως δε θέλω να μιλήσω μαζί σου! είπε ο Τζινκς κι έκλεισε απότομα το παράθυρο.

—Θα το μετανιώσεις! φώναξε ο νάνος θυμωμένα. Είμαι ο πιο πλούσιος νάνος του κόσμου και θα σε πληρώσω καλά για ό,τι μου πουλήσεις.

—Να σου πουλήσω λοιπόν λίγους καλούς τρόπους, είπε ο Τζινκς ανοίγοντας το παράθυρό του κι έκανε μια γκριμάτσα στον οργισμένο νάνο. Δεν κοστίζουν πολλά και σου χρειάζονται ιδιαίτερα!

Ο νάνος αγριοκοίταξε τον Τζινκς. Μετά άνοιξε την πόρτα του αυτοκινήτου του, βγήκε έξω και προχώρησε με πόζα στο μονοπάτι.

Ο Τάπενι φοβήθηκε.

—Φτου, σκουληκομυρμηγκότρυπα! Τζινκς, έρχεται! Δεν έπρεπε να του μιλήσεις έτσι!

Ο νάνος χτύπησε την πόρτα. Ο Τζινκς την άνοιξε κι ο νάνος μπήκε μέσα.

—Έχεις πολύ θάρρος για να μιλάς έτσι σε μένα! είπε στον Τζινκς. Κανένας δε μου έχει μιλήσει ποτέ με τέτοιο τρόπο. Πρέπει να είσαι πολύ θαρραλέος.

—Μήπως ήθελες, λοιπόν, ν' αγοράσεις λίγους καλούς τρόπους; ρώτησε ο Τζινκς μ' ένα χαιρέκακο χαμόγελο.

—Όχι, είπε ο νάνος κοφτά. Μην είσαι πια τόσο αναιδής. Δε μου αρέσει. Θα 'πρεπε να είχα φύγει όταν μου μίλησες τόσο άσχημα, αλλά επειδή σκέφτηκα πως ήταν γενναίο από μέρους σου να πεις αυτό ακριβώς που σκεφτόσουνα, είχα την ελπίδα πως μπορεί να είσαι εσύ αυτός που θα μου φέρει ό,τι ζητάω.

—Και τι είναι αυτό που ζητάς; ρώτησαν ο Τζινκς, ο Τάπενι κι ο Φίφο με μια φωνή.

—Θέλω ν' αποκτήσω ένα ζευγάρι παπούτσια που ανήκουν στο Βροντερό Γίγαντα, είπε ο κόκκινος νάνος. Πιστεύω πως θα σας τα πουλήσει, αν του προσφέρετε τρία από τα μεγαλύτερα διαμάντια μου για να τα φορέσει στο καπέλο του.

—Ο Βροντερός Γίγαντας! είπε ο Τζινκς κατάπληκτος. Όμως, μα την τύχη μου, δε θα γυρίσουμε ποτέ, αν πάμε να τον δούμε!

—Ω, θα σας δώσω το μαγικό Γίνε-Καπνός, είπε ο κόκκινος νάνος. Θα θελήσει σίγουρα να σας κρατήσει αιχμάλωτους, αλλά δε θα τα καταφέρει, αν χρησιμοποιήσετε το μαγικό Γίνε-Καπνός.

—Εντάξει, είπε ο Τζινκς. Θα σου φέρουμε τα κόκκινα παπούτσια —παρόλο που δεν καταλαβαίνω τι τα θέλεις, αφού μπορείς να αγοράσεις όσα θέλεις στον τσαγκάρη.

—Να μη σε νοιάζει τι τα θέλω, είπε ο κόκκινος νάνος! Έβαλε το χέρι του στην τσέπη του κι έβγαλε ένα μικρό δερμάτινο πορτοφολάκι. Το άνοιξε και τα τρία ξωτικά έμειναν με το στόμα ανοιχτό μ' αυτό που είδαν· γιατί μέσα υπήρχαν τρία από τα πιο μεγάλα και τα πιο όμορφα διαμάντια που είχαν δει ποτέ στη ζωή τους! Στραφτάλιζαν κι έλαμπαν, λες κι είχαν μέσα τους ζωή.

—Φτου, σκουληκομυρμηγκότρυπα! είπε ο Τάπενι με δέος.

Τότε ο νάνος έβγαλε ένα μικρό μπλε κουτί κι έδειξε στα ξωτικά μια μικρή ποσότητα από βυσσινιά σκόνη.

—Αυτό είναι το μαγικό Γίνε-καπνός, είπε. Το

μόνο που έχεις να κάνεις, όταν θέλεις να το σκάσεις από τον Βροντερό Γίγαντα, είναι να σκορπίσεις αυτή τη σκόνη μπροστά σου. Έτσι θα ξεφύγεις πολύ εύκολα.

Ο Τζινκς πήρε το πορτοφόλι με τα διαμάντια και το μπλε κουτί και τα έκρυψε καλά στο καλάθι του.

—Αύριο θα πάμε στο Βροντερό Γίγαντα, υποσχέθηκε. Θα σε ειδοποιήσουμε όταν θα έχουμε πάρει τα παπούτσια που θέλεις.

Ο νάνος είπε αντίο, έτρεξε στο αυτοκίνητό

του κι έφυγε. Τα τρία ξωτικά έτριψαν τα χέρια τους κι έκαναν μερικά χορευτικά βηματάκια.

—Γρήγορα θα είμαστε πλούσιοι, πολύ πλούσιοι! τραγούδησαν. Γρήγορα θα είμαστε πλούσιοι, πολύ πλούσιοι!

Πήγαν ν' αποχαιρετήσουν τη νεράιδα Ροδοδάχτυλη δίπλα κι εκείνη λυπήθηκε που έφευγαν.

—Δε θα λείψουμε πολύ, είπε ο Τάπενι με ελπίδα.

—Πώς θα πάμε, Τζινκς, ρώτησε ο Φίφο κουνώντας τ' αυτιά του, αναστατωμένος στην ιδέα πως τραβούσαν για μια νέα περιπέτεια.

—Ο Βροντερός Γίγαντας μένει στα Μπουμπουνοσύννεφα, είπε ο Τζινκς ξετυλίγοντας ένα χάρτη. Κοίτα, να εδώ είναι. Πρέπει να πάμε στο Ζαχαρένιο Βουνό που η κορφή του τρυπάει τα σύννεφα. Ο Βροντερός Γίγαντας μένει σ' ένα κάστρο στην κορφή.

Το επόμενο πρωί ξεκίνησαν όλοι μαζί και πήγαν να πάρουν το τρενάκι που διέσχιζε την εξοχή μέχρι το Ζαχαρένιο Βουνό. Αγόρασαν εισιτήρια από το μεγάλο γκρίζο λαγό που καθόταν στο ταμείο και περίμεναν το τρένο.

Επιτέλους το τρένο έφτασε ξεφυσώντας. Δεν ήταν μεγαλύτερο από ένα τρένο-παιχνίδι με ανοιχτά βαγόνια για να κάθεσαι αντί για τα συνηθισμένα κλειστά βαγόνια. Ήταν γεμάτο νάνους-παλιάτσους και μπισκότα που φλυαρούσαν όλα μαζί κι έτσι ήταν δύσκολο να βρεις θέση.

Κανένας δεν κουνιόταν για να κάνει τόπο στα τρία ξωτικά. Μα αμέσως ο Φίφο τούς ανάγκασε! Έκανε έναν ήχο όπως μια τίγρη που βρυχάται κι έπρεπε να βλέπατε πώς πετάχτηκαν και βγήκαν απ᾽ τη μέση εκείνοι οι νάνοι και τα μπισκότα! Ξαφνικά υπήρχε άφθονος χώρος!

Ο Τζινκς κι ο Τάπενι άρχισαν να χαχανίζουν.

—Πού είναι η τίγρη; φώναξε ο Τζινκς στον Φίφο. Θα τρέχει συνέχεια πλάι στο βαγόνι μας;

Θεέ μου, πώς τρέμανε και πώς σπαρταρούσαν απ᾽ το φόβο τους οι νάνοι και τα μπισκότα!

—Αυτό θα τους δείξει πώς να φέρονται! ψιθύρισε ο Τάπενι στον Τζινκς.

Το τρένο προχώρησε πολύ κι όλοι οι νάνοιπαλιάτσοι και τα μπισκότα κατέβηκαν σ' ένα σταθμό που τον έλεγαν Σταθμός-Πανηγύρι. Εκεί υπήρχε πάντα ένα πανηγύρι και τα ξωτικά άκουγαν τη φασαρία από τη μουσική που παιζόταν σε κάποια απόσταση.

Ο Τάπενι ήθελε να κατεβεί από το τρένο και να πάει στο πανηγύρι, αλλά ο Τζινκς είπε όχι, ασφαλώς όχι! Πήγαιναν σε δουλειά και θα ήταν ανόητο να πάνε σε πανηγύρι με τρία διαμάντια. Σίγουρα κάποιος θα τους τα 'κλεβε.

Έτσι προχώρησαν κι άλλο με το τρενάκι που αγκομαχούσε. Μπήκε σε μια σκοτεινή γαλαρία και μετά βγήκε έξω. Πέρασε μια ψηλή μακριά γέφυρα που περνούσε πάνω από ένα πολύ πλατύ ποτάμι όπου έπλεαν μικρές βαρκούλες με γαλάζια πανιά. Φαινόταν πολύ ωραία η γέφυρα κι ο Τάπενι έσκυβε τόσο που κόντεψε να γκρεμοτσακιστεί κοιτάζοντας τα πλοία στο ποτάμι από κάτω.

Ο Τζινκς τον έπιασε πάνω στην ώρα. Τον βούτηξε από το ένα πόδι και τον τράβηξε μέσα στο βαγονέτο.

—Ω! Όχι! είπε ο Τάπενι κατακόκκινος, τρίβοντας το πόδι του. Τι αδέξιος που είσαι, Τζινκς, μη μου σφίγγεις έτσι το πόδι!

—Για κοίτα λοιπόν! είπε ο Τζινκς πειραγμένος. Μόλις σου έσωσα τη ζωή, Τάπενι, κι αυτό είναι το ευχαριστώ που ακούω! Παρά λίγο να βρεθείς στο ποτάμι.

—Καλά, την άλλη φορά που θα μου σώσεις τη ζωή, δεν είναι ανάγκη να μου τραβολογάς το πόδι τόσο δυνατά, κλαψούρισε ο Τάπενι μουτρωμένα.

Το τρένο όλο και προχωρούσε, πέρασε το Στριφτό Σταθμό και τον Κατρακυλιστό Σταθμό και πολλούς άλλους ακόμα. Στο τέλος τα τρία μικρά ξωτικά έβγαλαν μια φωνή κι έδειξαν έναν παράξενο λόφο μακριά. Έλαμπε σαν άσπρη ζάχαρη κι έφτανε τόσο ψηλά που η κορφή του ήταν τελείως κρυμμένη μέσα σε κάποια κατάμαυρα, απειλητικά σύννεφα.

—Να το Ζαχαρένιο Βουνό! φώναξε ο Τζινκς. Ζήτω! Φτάσαμε!

Το τρένο έφτασε ξεφυσώντας στους πρόποδες του παράξενου Ζαχαρένιου Βουνού κι έπειτα σταμάτησε στο Ζαχαρένιο Σταθμό. Τα τρία ξωτικά βγήκαν από το βαγόνι τους και το τρένο συνέχισε το δρόμο του γύρω απ' το βουνό.

—Το θέμα είναι πώς ν' ανεβούμε; είπε ο Φίφο τρίβοντας τη μακριά του μύτη.

—Δεν υπάρχουν σκαλιά, είπε ο Τάπενι.

—Η ζάχαρη γλιστράει φοβερά όταν την πατάς, είπε ο Τζινκς. Είναι σαν άσπρη άμμος. Ποτέ δε θα μπορέσουμε ν' ανεβούμε αυτόν το λόφο!

Πάνω στην ώρα, ένα πολύ απίθανο πράγμα παρουσιάστηκε από τη γωνία του λόφου. Ήταν μια καμήλα! Δεν υπήρχε κανένας μαζί της, κάτι που έκανε το θέαμα ακόμα πιο παράξενο. Ήρθε κατευθείαν στα τρία ξωτικά και γονάτισε μπροστά τους.

—Τι θέλει; είπε ο Τάπενι τρυπώνοντας πίσω από τους άλλους κατατρομαγμένος.

—Έχει έρθει να μας πάει στο Ζαχαρένιο Βουνό! φώναξε ο Τζινκς ενθουσιασμένος. Οι καμήλες μπορούν να περπατήσουν εύκολα στην άμμο, έτσι δε θα είναι καθόλου δύσκολο γι' αυτήν να σκαρφαλώσει στη ζάχαρη! Καλή καμήλα! Ωραία καμήλα!

Η καμήλα έβγαλε ένα μάλλον άσχημο γρύλισμα που δεν άρεσε καθόλου στον Τάπενι. Ο Τζινκς ανέβηκε βιαστικά στην καμπούρα της κι ο Φίφο κι ο Τάπενι σκαρφάλωσαν στο λαιμό

της. Η καμήλα σηκώθηκε κι άρχισε να σκαρφαλώνει στο Ζαχαρένιο Βουνό. Τα ξωτικά έπρεπε να κρατιούνται γερά γιατί η καμήλα έγερνε απότομα καθώς σκαρφάλωνε και κουνιόταν πέρα-δώθε με πολύ ανησυχητικό τρόπο.

—Ανέβα εκεί! Ανέβα εκεί! φώναξε ο Τζινκς για να την ενθαρρύνει, αλλά η καμήλα έκανε μόνο κάποιους άγριους θορύβους. Ήταν πραγματικά ένα πολύ κακότροπο ζώο.

Το βουνό ήταν πολύ ψηλό. Δε φαινόταν να έχει μονοπάτια, ούτε χορτάρι, ούτε δέντρα, ούτε θάμνους —μόνο γυαλιστερή άσπρη ζάχαρη. Η καμήλα ανέβαινε όλο και πιο ψηλά μουγκρίζοντας και γουργουρίζοντας και τα ξωτικά κρατιόντουσαν πάνω της σφιχτά, για να μην γκρεμοτσακιστούν.

—Φτάνουμε στα Μπουμπουνοσύννεφα! φώναξε ο Τζινκς, στο τέλος. Οι άλλοι κοίταξαν πάνω. Και βέβαια, όχι πολύ πιο ψηλά, υπήρχαν τα βαθύσκιωτα πορφυρά σύννεφα που είχαν δει από το τρένο.

—Μπορώ να δω το κάστρο του Γίγαντα μέσα στα σύννεφα! είπε ο Τάπενι που παρά λίγο να πέσει από την καμήλα καθώς κοίταζε ψηλά. Φτου, σκουληκομυρμηγκότρυπα! Είναι στ᾽ αλήθεια ένα τερατώδες κάστρο.

Κι έτσι ήταν! Ήταν μεγαλύτερο από ό,τι κι αν είχαν φανταστεί ποτέ τα ξωτικά ενώ οι πύργοι του και οι επάλξεις του υψώνονταν προς τον ήλιο που έπαιζε κρυφτούλι εδώ κι εκεί, ανάμεσα στα κινούμενα σύννεφα.

—Γρου-γρου-γρου, έκανε η καμήλα νευριασμένη και γονάτισε χάμω σ᾽ ένα σύννεφο που, παρόλο που έμοιαζε πολύ διάφανο, φαινόταν να είναι σκληρό σαν το πατούσες μα συνάμα και αρκετά μαλακό, σαν σφουγγάρι.

—Είναι σαν να περπατάς σ᾽ ένα φοβερά πυκνό χαλί, είπε ο Τάπενι. Ελπίζω να μην πέσω ξαφνικά σε καμιά τρύπα και να βρεθώ κατευθείαν στη γη από κάτω.

—Καλύτερα να πιάσεις το χέρι μου μήπως γίνει τίποτα τέτοιο, είπε ο Φίφο. Στα πεσίματα δε σου παραβγαίνει κανένα ξωτικό.

Χέρι χέρι περπάτησαν πάνω στα μαλακά

σύννεφα της καταιγίδας, προς το κάστρο που υψωνόταν μπροστά τους. Μια μεγάλη σκάλα οδηγούσε σε μια γυαλιστερή μαύρη πόρτα, στολισμένη με κάτι κίτρινες πέτρες.

—Τι θα κάνουμε; ψιθύρισε ο Τάπενι στον Τζινκς. Θα πας κατευθείαν μέσα να ζητήσεις τα παπούτσια ή έχεις άλλη ιδέα;

—Ναι, νομίζω πως αυτό θα κάνω, είπε ο Τζινκς με γενναιότητα. Έχω αυτά τα τρία όμορφα διαμάντια να προσφέρω στο Γίγαντα. Υποθέτω πως θα χαρεί να μας δώσει τα παπούτσια σε αντάλλαγμα.

Έτσι χτύπησαν τη μεγαλόπρεπη πόρτα που άνοιξε αργά μπροστά τους. Μια βροντερή φωνή, σαν τον άνεμο της θάλασσας, βγήκε από την πόρτα.

—ΦΕΡΤΕ ΤΗΝ ΜΠΟΥΓΑΔΑ ΜΕΣΑ ΚΙ ΑΚΟΥΜΠΗΣΤΕ ΤΗΝ ΧΑΜΩ, ΚΥΡΙΑ ΝΤΑΟΥΕΛ.

Ο Τζινκς κι οι άλλοι δυο μπήκαν μέσα και θαμπώθηκαν από την έκπληξη γιατί εκεί μπροστά τους στεκόταν ο πιο τεράστιος γίγαντας που είχαν δει ποτέ στη ζωή τους. Ήταν ψηλότερος κι απ' το πιο ψηλό δέντρο και τα μάτια του ήταν μεγάλα σαν ρόδες αμαξιού και τόσο γαλάζια που έμοιαζαν με λίμνες στο πρόσωπό του.

—Παρακαλώ, δεν είμαστε η μπουγάδα, είπε ο Τζινκς.

—ΜΙΛΑ ΠΙΟ ΔΥΝΑΤΑ, είπε ο Γίγαντας χωρίς να σηκώσει τα μάτια του από το βιβλίο που διάβαζε.

—ΔΕΝ ΕΙΜΑΣΤΕ Η ΜΠΟΥΓΑΔΑ! φώναξαν ο Τζινκς, ο Τάπενι κι ο Φίφο μαζί. Αυτό έκανε τον Γίγαντα να κοιτάξει κατάπληκτος τα ξωτικά.

—Τι είστε τότε; βροντοφώναξε.

—Είμαστε τα ξωτικά κι έχουμε έρθει για να αγοράσουμε κάτι από σένα, είπε ο Τζινκς γενναία. Θέλουμε ένα ζευγάρι κόκκινα παπούτσια που έχεις και έχουμε φέρει τρία μεγάλα διαμάντια για να πληρώσουμε.

—Να τα δω, είπε ο Γίγαντας με απληστία.

Ο Τζινκς άνοιξε το πορτοφόλι και οι τρεις πέτρες άστραψαν ζωηρά μπροστά στο θαμπωμένο Γίγαντα.

Ο Γίγαντας ήρεμα κατέβασε το πελώριο του χέρι και πήρε το πορτοφόλι από τον Τζινκς.

—Ευχαριστώ! είπε μ' ένα τρανταχτό γέλιο. Θα τα κρατήσω. Όσο για τα παπούτσια, δεν είναι για πούλημα.

—Μα δεν μπορείς να τα κρατήσεις, αν δε μας δώσεις τα παπούτσια! φώναξε ο Τζινκς έντρομος.

—Αλήθεια; γέλασε ο Γίγαντας κοροϊδευτικά δείχνοντας δυο σειρές άσπρα δόντια μεγάλα σαν πλήκτρα πιάνου. Μπορώ και παραμπορώ! Κι ακόμα, θα κρατήσω και σας! Χα, χα, να ένα καλό αστείο!

Ο Τάπενι έβαλε τα κλάματα. Είχε τρελαθεί από το φόβο του. Ο Φίφο κατακοκκίνισε από οργή κι ο Τζινκς για πρώτη φορά δεν ήξερε τι να κάνει ή τι να πει!

Ο Γίγαντας τους σήκωσε και τους τρεις ψηλά και τους έριξε σ' ένα μεγάλο καλάθι αχρήστων, τόσο ψηλό και βαθύ που τα ξωτικά δε θα μπορούσαν να βγουν ποτέ από κει μέσα.

—Να μείνετε εκεί για λίγο, είπε. Θα σας πουλήσω στον Περιπλανώμενο Μάγο που θα έρθει να με δει απόψε. Θα χαρεί να σας πάρει.

Τα τρία ξωτικά κουλουριάστηκαν μαζί στον πάτο του κοφινιού.

—Εσύ φταις για όλα, που έδειξες τόσο θράσος, είπε κλαίγοντας ο Τάπενι στον Τζινκς. Θα έπρεπε να μάθουμε πρώτα τι είδους γίγαντας ήταν.

—Πεινάω τρομερά, είπε ο Φίφο μ᾽ έναν αναστεναγμό. Πόσο θα ᾽θελα να φάω κάτι.

Ο Τζινκς άνοιξε το καλάθι του. Ένιωθε πράγματι ντροπή, όταν σκεφτόταν πως είχε ρίξει τους φίλους του σε τέτοιο φοβερό μπλέξιμο. Για μεγάλη χαρά του Φίφο υπήρχαν μερικά πακέτα σοκολάτα και τρία μήλα μέσα στο καλάθι. Το ποντίκι ήταν κι αυτό εκεί κι είχε αρχίσει μόλις να μασουλάει ένα μήλο. Ο Τζινκς το πήρε αυτό για τον εαυτό του, έδωσε ένα μπάτσο στο ποντίκι και μοίρασε το υπόλοιπο φαγητό στους άλλους. Όλοι έφαγαν σιωπηλά και συλλογίζονταν τι να κάνουν για να ξεφύγουν.

Προσπάθησαν να βγουν από το κοφίνι. Δεν

κατάφεραν τίποτα κι ο Γίγαντας που τους άκουσε να σαλεύουν, τους έβγαλε ένα μουγκρητό για να κάτσουν φρόνιμα.

—Προσπαθώ να εργαστώ για να φτιάξω κάτι μάγια! βροντοφώναξε. Πώς μπορώ να δουλέψω, όταν κάνετε τέτοιο θόρυβο, σαν ένα κοπάδι σκανταλιάρικα ποντίκια. Καθίστε ήσυχα, αλλιώς θα σας βάλω μέσα στο σκουπιδοτενεκέ!

Μετά απ᾽ αυτό τα ξωτικά δεν ξανατόλμησαν να σαλέψουν! Ήρθε το απόγευμα κι ο Γίγαντας ήπιε το τσάι του. Έπεσε το σκοτάδι κι ο Γίγαντας άναψε μια μεγάλη λάμπα που έλαμπε σχεδόν σαν τον ήλιο! Μετά ξανάσκυψε στη δουλειά του με σουφρωμένα τα φρύδια.

Ξαφνικά ο Φίφο που σκεφτόταν πολύ έντονα, έκανε έναν ήχο σαν έξι γάτες που τσακώνονταν μεταξύ τους. Αυτό έκανε τον Τζινκς και τον Τάπενι ν᾽ αναπηδήσουν τρομαγμένοι και ν᾽ αγριοκοιτάξουν τον Φίφο που ήρεμα συνέχιζε να κάνει αυτόν το φοβερό ήχο.

—Ανάθεμα αυτές τις γάτες! φώναξε ο Γίγαντας φουρκισμένος. Πήγε στο παράθυρο, το άνοιξε μ' ένα τίναγμα και φώναξε: ΗΣΥΧΑΣΤΕ, ΑΚΟΥΤΕ; Νόμιζε ότι οι γάτες καβγάδιζαν έξω από το παράθυρό του.

Για λίγο ο Φίφο σταμάτησε κάθε θόρυβο, έπειτα ξανάρχισε, κι αυτή τη φορά ο ήχος έμοιαζε με πενήντα γάτες που νιαούριζαν, τσίριζαν, ούρλιαζαν και βογκούσαν!

Ο Γίγαντας αναπήδησε γεμάτος οργή κι έφερε ένα μεγάλο κανάτι νερό στο παράθυρο. Έριξε το νερό εκεί που νόμιζε πως ήταν οι γάτες κι ο Φίφο έπαψε αμέσως να νιαουρίζει. Ο Γίγαντας γύρισε στη δουλειά του.

Τότε ο Φίφο ξανάρχισε, αυτή τη φορά σαν εκατό γάτες κι ο Γίγαντας κόντεψε να τρελαθεί απ' τα νεύρα του. Έριξε τις μπότες του στις γάτες, έπειτα ένα κατσαρόλι κι αργότερα έριξε και μια καρέκλα. Μετά άνοιξε απότομα το ντουλάπι με τις πορσελάνες του κι ήταν έτοιμος να πετάξει έξω όλα του τα φλιτζάνια και τα πιατάκια, όταν ο Φίφο στάθηκε πάνω στους ώμους του Τζινκς και έβγαλε δειλά το κεφάλι του έξω από το καλάθι.

—Παρακαλώ, κύριε, μπορώ να σταματήσω αυτές τις γάτες για το χατίρι σας και να τις διώξω μακριά.

—Εσύ! είπε ο Γίγαντας ειρωνικά. Μα είναι γιγάντιες γάτες και θα σε καταβροχθίσουν σαν ποντικάκι, ξωτικό.

—Αφήστε με να δοκιμάσω, είπε ο Φίφο.

—Πολύ καλά, είπε ο Γίγαντας μ' ένα μορφασμό, μα μην κατηγορήσεις εμένα, αν σε φάνε. Τέρμα τώρα! Και γύρνα πίσω, όταν τις διώξεις!

—Ω, ναι! είπε ο Φίφο. Ψιθύρισε κάτι πολύ γρήγορα στο αυτί του Τζινκς κι έπειτα ο Γίγαντας τον τράβηξε έξω από το καλάθι.

—Προτού φύγω, πες μου πού βάζεις τα κόκκινα παπούτσια, παρακάλεσε ο Φίφο. Ξέρω πως δε βγάζω τίποτα με το να σου τα ζητάω, μα θα ήθελα να μάθω πού τα φυλάς.

—Δε σε ωφελεί και πολύ! είπε ο Γίγαντας. Τα φυλάω στην τσέπη μου!

Ο Φίφο δεν ξαναμίλησε, αλλά πήγε στην πόρτα που του άνοιξε ο Γίγαντας και ξεγλί-

στρησε έξω στο σκοτάδι. Βάλθηκε να φωνάζει σαν να μάλωνε πάμπολλες γάτες και πολύ γρήγορα ακολούθησε ένας θόρυβος σαν να σκορπίζανε ολόκληρες δωδεκάδες από δαύτες. Ο Γίγαντας ήταν ευχαριστημένος. Πήγε στην πόρτα κι έψαξε να δει τον Φίφο —μα δε φαινόταν πουθενά!

—Γύρνα πίσω! φώναξε ο Γίγαντας. Μα ο Φίφο δε γύρισε. Είχε φτάσει με ασφάλεια στα πόδια του Ζαχαρένιου Βουνού κατρακυλώντας κάτω με μεγάλη βιασύνη!

—Άσε με να πάω να τον βρω! φώναξε ο Τάπενι στο Γίγαντα. Δώσε μου ένα φανάρι κι άφησέ με να φύγω. Ο Φίφο δεν μπορεί να δει στο σκοτάδι κι ίσως να έχει χάσει το δρόμο του, έτσι όπως κυνηγούσε τις γάτες. Θα τον φέρω πίσω, σώο και αβλαβή.

Ο Γίγαντας άναψε ένα μικρό φανάρι και το έδωσε στον Τάπενι. Είχε περίπου το ίδιο μέγεθος μ' αυτόν, μα τα κατάφερε να το κρατήσει. Βγήκε τρέχοντας από την πόρτα φωνάζοντας τον Φίφο. Μα μόλις βγήκε έξω, πέταξε χάμω το φανάρι και κυλίστηκε πολλές φορές στη ζάχαρη, μέχρι τα ριζά του λόφου, ακριβώς όπως είχε κάνει κι ο Φίφο.

Έπεσε πάνω στον Φίφο που τον έπιασε και τον αγκάλιασε.

—Τι γίνεται ο Τζινκς; ρώτησε ο Τάπενι.

—Ω, θα πάει να πάρει τα κόκκινα παπούτσια, όταν θα κοιμάται ο Γίγαντας και μετά θα χρησιμοποιήσει το μαγικό Γίνε-Καπνός, είπε ο

Φίφο χαμογελώντας μέσα στο σκοτάδι. Θα τον περιμένουμε εδώ!

—Ελπίζω να μην αργήσει! αναστέναξε ο Τάπενι που είχε κουραστεί πολύ μ' αυτή την περιπέτεια. Θέλω να γυρίσω γερός σπίτι, στην αγαπημένη μου *Βίλα Βατόμουρο*!

Ο Τζινκς Και Τα Εκπληκτικά Παπούτσια

Ο ΤΖΙΝΚΣ καθόταν μέσα στο καλάθι των αχρήστων μόνος του, χαρούμενος που είχαν καταφέρει να ξεφύγουν ο Φίφο κι ο Τάπενι. Ο Γίγαντας είχε θυμώσει πάρα πολύ όταν ανακάλυψε πως οι άλλοι δεν είχαν γυρίσει πίσω. Άρχισε να βρυχάται και να χτυπάει τα πόδια του τόσο πολύ, που το κάστρο ταρακουνιόταν επικίνδυνα πάνω στα σύννεφα.

Έπειτα κοίταξε στο καλάθι και κούνησε τη γροθιά του στον Τζινκς που παρίστανε το φοβισμένο. Δε φοβόταν στ' αλήθεια γιατί είχε το μαγικό Γίνε-Καπνός κι ήξερε πως μπορούσε να δραπετεύσει όποτε ήθελε, μα εννοούσε οπωσδήποτε να πάρει πρώτα εκείνα τα μαγικά κόκκινα παπούτσια.

—Θα πάρω έναν υπνάκο μέχρι να έρθει ο φίλος μου, ο Περιπλανώμενος Μάγος, βρυχήθηκε ο Γίγαντας. Και μη φανταστείς πως μπορείς να μου κάνεις κανένα κόλπο σαν τους φίλους σου, γιατί αλίμονό σου!

—Όχι, αποκρίθηκε ευγενικά ο Τζινκς.

Ο Γίγαντας πήγε σε μια μεγάλη πολυθρόνα και ξάπλωσε στα μαξιλάρια. Έκλεισε τα μάτια του και σε δυο λεπτάκια ακούστηκε ο θόρυβος του ροχαλητού του. Ακουγόταν σαν πενήντα αυτοκίνητα που έβαζαν μπροστά τη μηχανή τους και κόντεψε να ξεκουφάνει τον Τζινκς.

Χαμογέλασε μόνος του κι άνοιξε το δίσκο

του. Το άσπρο ποντικάκι ήταν εκεί μέσα κι όταν του μίλησε ο Τζινκς, τέντωσε τα μικροσκοπικά του αυτάκια κι αφουγκράστηκε με προσοχή.

—Θέλω να ροκανίσεις αυτό το μεγάλο καλάθι αχρήστων και να κάνεις μια τρύπα για μένα, είπε ο Τζινκς. Μπορείς να το καταφέρεις αυτό, Μουστάκια;

Το ποντικάκι έσκουξε και βγήκε από το δίσκο του Τζινκς μ' έναν πήδο. Έτρεξε στη μια μεριά του μεγάλου καλαθιού και στρώθηκε στο ροκάνισμα. Σε λίγο είχε γίνει μια αρκετά μεγάλη τρύπα κι ο Τζινκς κατόρθωσε να την ανοίξει ακόμα περισσότερο τραβώντας την με τα χέρια του. Το ποντίκι ροκάνιζε και ροκάνιζε. Είχε πολύ κοφτερά δόντια και χαιρόταν που μπορούσε να βοηθήσει τον Τζινκς.

—Γύρνα πίσω στο δίσκο, ψιθύρισε ο Τζινκς στο ποντίκι, όταν είδε πως κατάφερνε να στριμωχτεί και να περάσει από την τρύπα. Το ποντίκι ανέβηκε τρέχοντας πάνω στο πόδι του Τζινκς και ξανατρύπωσε μέσα στο δίσκο. Ο

Τζινκς τον έκλεισε. Τότε κρυφοκοίταξε πρώτα από την τρύπα και ζουλήχτηκε να περάσει μέχρι που βρέθηκε όρθιος στο πάτωμα του δωματίου του Γίγαντα.

Ο Γίγαντας ροχάλιζε ακόμα δυνατά κι ολόκληρο το κάστρο έτρεμε από τον πάταγο. Ο Τζινκς προχώρησε σιωπηλά ως τον κοιμισμένο Γίγαντα και σκαρφάλωσε ελαφρά στο ποδάρι της καρέκλας του. Στριμώχτηκε σ' ένα μικρό κομμάτι της πολυθρόνας και προσπάθησε να δει μέσα στις τσέπες του Γίγαντα. Του Τζινκς του φάνηκαν μεγάλες σαν σπηλιές!

Δεν έβλεπε τίποτα εκεί μέσα. Ήταν πολύ σκοτεινά. Δεν του έμενε, λοιπόν, τίποτ' άλλο να κάνει παρά να τρυπώσει μέσα στην τσέπη και να δει, αν τα κόκκινα παπούτσια βρίσκονταν εκεί πέρα!

Ο Τζινκς ήταν θαρραλέος. Βάλθηκε να μπουσουλάει για να μπει στην τσέπη ενώ συνέχεια παρακαλούσε να είναι η σωστή τσέπη. Και πράγματι ήταν! Πασπάτεψε με το χέρι του κι ένιωσε ένα ζευγάρι παπούτσια, όχι πολύ μεγάλα, σχεδόν στο δικό του μέγεθος. Τα τράβηξε προσεκτικά και τα πήρε στα χέρια του. Έπειτα άρχισε να σέρνεται για να βγει από την τσέπη του Γίγαντα.

Κι εκείνη ακριβώς τη στιγμή, ακούστηκε ένας βροντερός χτύπος στην πόρτα του κάστρου που πέταξε απ' τον ύπνο του το Γίγαντα.

Ήταν ο Περιπλανώμενος Μάγος! Ήρθε φωνάζοντας:

—Καλησπέρα, καλησπέρα! Πώς είναι ο φίλος μου ο Βροντερός Γίγαντας απόψε;

Ο Γίγαντας πήδηξε στα πόδια του και του έσφιξε το χέρι. Ο Περιπλανώμενος Μάγος ήταν ένας παράξενος τύπος με μια μακριά γενειάδα που την είχε δεμένη σ' έναν περιποιημένο κόμπο γύρω από τη μέση του. Φαινόταν συμπαθητικός κι ο Τζινκς ξεμυτίζοντας λιγάκι από την τσέπη του Γίγαντα, αναρωτήθηκε, αν ήταν πραγματικά τόσο ισχυρός. Θα ήταν φριχτό, αν είχε τόση δύναμη ώστε να εμποδίσει το μαγικό του Γίνε-Καπνός να λειτουργήσει!

—Σου έχω μια έκπληξη! είπε ο Βροντερός Γίγαντας. Μου ήρθανε σήμερα τρία μικρά ξωτικά εδώ και σκέφτηκα να σου τα χαρίσω για υπηρέτες. Μα τα δυο ξέφυγαν και μου έχει απομείνει μόνο ένα.

—Άκου, άκου, αστέρια και φεγγάρι, δεν κατάφερες να τα κρατήσεις και τα τρία; είπε ο Μάγος. Παραείσαι κουτός, Βροντερέ, μα έλα που σε συμπαθώ αρκετά. Λοιπόν, πού είναι το τρίτο ξωτικό;

—Σ' εκείνο το καλάθι αχρήστων, είπε ο Βροντερός.

Ο Μάγος πήγε μέχρι εκεί.

—Δεν υπάρχει τίποτα εκεί μέσα εκτός από μια μεγάλη τρύπα στη μία πλευρά, είπε έκπληκτος. Πλάκα μου κάνεις;

—Μα όχι βέβαια! είπε ο Γίγαντας σαστισμένος. Κοίταξε κι αυτός στο καλάθι κι όταν είδε πως ο Τζινκς είχε δραπετεύσει, κοκκίνισε σαν παντζάρι από την οργή του. Ώστε έφυγε κι αυτός, βρυχήθηκε. Καλά, εγώ πάντως έχω τα διαμάντια τους. Κοίτα, Μάγε, τρία κουκλιά για να τα βάλω στο καπέλο μου. Ήρθαν να μου πάρουν τα κόκκινα παπούτσια μου. Αχ, πού να ξέρανε τι μαγικό κρύβεται σ' αυτά τα παπούτσια. Μόνο όποιος τα φοράει το ξέρει!

—Πού είναι τα παπούτσια; ρώτησε ο Μάγος. Ο Γίγαντας έβαλε το χέρι του στην τσέπη του —κι έβγαλε έξω τον Τζινκς! Ο Τζινκς είχε τοποθετήσει προσεκτικά τα παπούτσια στο καλάθι του για ασφάλεια κι είχε μάλιστα βγάλει το μαγικό Γίνε-Καπνός που ήταν μέσα στο κουτάκι του.

—Μα να το τρίτο ξωτικό! φώναξε ο Γίγαντας. Μέσα στην τσέπη μου! Αν χάσω αυτά τα παπούτσια, πάω χαμένος! Α! τον κακούργο, τον αλήτη, μου τα πήρε, μου τα πήρε!

Ο Τζινκς ξεγλίστρησε από το χέρι του Γίγαντα και πήδησε στο έδαφος. Έτρεξε γύρω στην κουζίνα χασκογελώντας για να μπει στη μύτη του Γίγαντα.

—Χο χο χο! γέλασε. Έχω τα παπούτσια σου, αγαπητέ μου Γίγαντα! Πιάσε με, πιάσε με, αν μπορείς!

Και τότε άρχισε ένα κυνήγι! Ο Μάγος κυνηγούσε τον Τζινκς, αλλά κι ο βαρυπόδαρος Γίγαντας το ίδιο! Ο Τζινκς έτρεχε σαν βολίδα και τρύπωνε κάτω από καναπέδες και τραπέζια, έτρεχε σε γωνίες, κρυβόταν κάτω από χαλιά. Ο Μάγος κι ο Γίγαντας είχαν λαχανιάσει στην προσπάθειά τους να πιάσουν το ευέλικτο ξωτικούλι.

Και στο τέλος ο Γίγαντας το έπιασε! Του ρίχτηκε σαν αστραπή και τα δάχτυλά του έκλεισαν πάνω στο ξωτικό που στριφογύριζε —αλλά εκείνη την ώρα ο Τζινκς φύσηξε την πορφυρή σκόνη από το κουτί του και φώναξε:

—Μαγική σκόνη βγάλε με από δω! Και τσαφ! ήρθε ένας δυνατός άνεμος, τον παρέσυρε και τον πήρε από το χέρι του Γίγαντα, τον έβγαλε από το ανοιχτό παράθυρο και τον κατέβασε στα πόδια του Ζαχαρένιου Βουνού!

Ο Τάπενι κι ο Φίφο το είχαν ρίξει στον ύπνο, περιμένοντάς τον. Ξύπνησαν μ᾽ έναν πήδο καθώς ο Τζινκς κυλούσε πάνω τους κι όταν άναψαν ένα σπίρτο κι είδαν πως ήταν πραγματικά ο Τζινκς, έχασαν τα λόγια τους από τη χαρά τους.

Ο Τζινκς τους διηγήθηκε όλα όσα είχαν γίνει και τους έδειξε τα κόκκινα παπούτσια, όμορφα τοποθετημένα στον πάτο του καλαθιού του. Το άσπρο ποντίκι ήταν κουλουριασμένο μέσα σ᾽ ένα απ᾽ αυτά και φαινόταν να νιώθει πολύ άνετα. Ο Τζινκς το χάιδεψε και το αποκάλεσε μικρό ήρωα που τον είχε βοηθήσει να δραπετεύσει από το καλάθι των αχρήστων.

—Έλα να κάνουμε μια αναπαυτική τρύπα στη ζάχαρη και να ξαναπέσουμε για ύπνο, είπε ο Τάπενι που χασμουριόταν πλατιά. Έτσι έσκαψαν μια μεγάλη τρύπα με τα χέρια τους, χώθηκαν μέσα, κουλουριάστηκαν όλοι μαζί σαν γατάκια κι αποκοιμήθηκαν γλυκά.

Ξύπνησαν όταν ο ήλιος είχε πια ανεβεί ψηλά στον ουρανό. Η καμήλα τούς ξύπνησε, μουγκρίζοντας και γουργουρίζοντας στ' αυτιά τους. Τους σκούντηξε με τη μουσούδα της κι έπειτα γονάτισε για να τους πάρει στην πλάτη της.

Ο Τάπενι ήταν έτοιμος ν' ανεβεί πάνω της, όταν ο Τζινκς τον τράβηξε πίσω.

—Μην είσαι ανόητος! είπε ο Τζινκς. Θα σε πάει πίσω στο κάστρο! Δε θα μας πάει σπίτι.

—Αλήθεια; είπε ο Τάπενι που συχνά έδειχνε κάπως χαζούλης. Καλά, δεν την καβαλικεύω, λοιπόν. Ξουτ, καμήλα, ξουτ!

Μα η καμήλα δεν το κούνησε. Έβγαλε κάτι

άσχημους θορύβους και τους έδειξε τα δόντια της — έτσι τα ξωτικά αποφάσισαν να φύγουν καλύτερα.

—Θα πάρουμε το πρώτο τρένο για να γυρίσουμε στο χωριό μας, είπε ο Τζινκς σταθερά. Ω, μα φύγε επιτέλους, καμήλα! Δε σε θέλουμε!

Σε λίγο, άφησαν την καμήλα πίσω τους και τράβηξαν για το Ζαχαρένιο Σταθμό. Το τρένο ήρθε και μπήκαν μέσα. Ήταν άδειο αυτή τη φορά, έτσι είχαν όσο χώρο ήθελαν. Πέρασαν όλους τους σταθμούς που είχαν περάσει και την άλλη φορά κι επιτέλους έφτασαν στο σταθμό του πανηγυριού. Εκεί ξανάρχιζε ένα πανηγύρι! Άκουγαν τη μουσική των παιχνιδιών κι έβλεπαν τις κούνιες να πηγαινοέρχονται ψηλά στον αέρα.

—Ω, Τζινκς, καλέ μου Τζινκς, πάμε στο πανηγύρι! τον παρακάλεσε ο Τάπενι. Κάναμε τη δουλειά μας και πήραμε τα κόκκινα παπούτσια και τώρα θα ήταν ωραία να διασκεδάσουμε λιγάκι. Κι εκτός απ' αυτό, πεινάω πολύ και μπορούμε να φάμε πρωινό. Ξέρω πως έχουν τηγανητά λουκάνικα και αφράτα ψωμάκια. Μπορώ να τα μυρίσω από δω.

—Εμπρός, λοιπόν, είπε ο Τζινκς. Κατέβηκαν από το τρένο και βρέθηκαν γρήγορα να τρώνε πιάτα γεμάτα αχνιστά λουκάνικα και να μασουλάνε φραντζολάκια φρέσκου ψωμιού. Ύστερα ήπιαν ζεστό καφέ κι ένιωσαν πολύ καλύτερα. Ανέβηκαν στις ρόδες και στις κούνιες και πέρασαν πολύ ωραία.

Γρήγορα τον Τζινκς, τον έπιασε ο ενθουσιασμός και του ήρθε να κάνει επίδειξη. Έβαλε, λοιπόν, το καπέλο του στα πόδια του, γύρισε ανάποδα κι άρχισε να περπατάει με τα χέρια, όπως είχε κάνει όταν πρωτοσυνάντησε τον Φίφο και τον Τάπενι.

Μα το έδαφος στο πανηγύρι ήταν γεμάτο λάσπες και τα χέρια του Τζινκς λερώθηκαν πολύ. Θυμήθηκε τα κόκκινα παπούτσια στο καλάθι του και τα έβγαλε έξω. Τα φόρεσε στα χέρια του και βάλθηκε να ξαναπερπατάει πάλι ανάποδα κουνώντας τα πόδια του με το καπέλο πάνω και χορεύοντας με τα κόκκινα παπούτσια στα χέρια του. Ο Τάπενι κι ο Φίφο έστεκαν και χαχάνιζαν μαζί του κι όλος ο κόσμος του πανηγυριού ζητωκραύγαζε από ενθουσιασμό.

Τότε, καθώς ο Φίφο κι ο Τάπενι έστεκαν κοιτάζοντας τον Τζινκς, εκείνος άρχισε να βγαίνει έξω από το χώρο του πανηγυριού! Βγήκε κατευθείαν έξω από την πύλη!

—Εεε, Τζινκς, για πού το 'βαλες; φώναξε ο Τάπενι. Γύρνα πίσω! Πήρες λάθος δρόμο!

Ο Τζινκς φώναξε κάτι για απάντηση, μα οι άλλοι δεν μπορούσαν ν' ακούσουν. Τον κυνήγησαν και τον πρόλαβαν. Ο Τζινκς περπατούσε τώρα στα χέρια του πάρα πολύ γρήγορα και με δυσκολία τον παρακολουθούσαν.

—Τζινκς, Τζινκς, πού πας, ανόητε; φώναξε ο Φίφο τρομαγμένος.

—Δεν μπορώ να σταματήσω! φώναξε ο Τζινκς με φοβισμένη φωνή. Φταίνε αυτά τα μαγικά παπούτσια που φόρεσα στα χέρια μου, Φίφο. Με πάνε όπου θέλουν. Μπορείς να μου τα βγάλεις;

Ο Φίφο έβαλε τα δυνατά του να του ξεκολλήσει τα παπούτσια, αλλά εκείνα πήγαιναν όλο και πιο γρήγορα καθώς προσπαθούσε να τα τσακώσει.

—Πού σε πάνε; φώναξε ο Τάπενι.

—Πίσω στο Βροντερό Γίγαντα νομίζω, ούρλιαξε ο Τζινκς. Έπρεπε να το θυμηθώ πως είναι μαγικά.

Τότε τα κόκκινα παπούτσια άρχισαν να τρέχουν τόσο γρήγορα που ο Φίφο κι ο Τάπενι ξέμειναν πολύ πίσω. Σύντομα ο καημένος ο Τζινκς δεν ήταν παρά μια κηλίδα πέρα μακριά που έτρεχε βιαστικά προς το Ζαχαρένιο Βουνό.

Ο Τάπενι έβαλε τα κλάματα.

—Τι θα κάνουμε τώρα; έλεγε με λυγμούς. Αφού πήραμε τα μαγικά παπούτσια κι όλα τα άλλα και το σκάσαμε τόσο όμορφα, να τώρα ο κακομοίρης ο Τζινκς ξαναγυρνάει στο Γίγαντα που είναι σίγουρα πολύ, μα πολύ φουρκισμένος μαζί του!

Ο Φίφο ήταν πολύ χλομός. Ήταν φανερό. Ο Τζινκς δεν είχε το μαγικό Γίνε-Καπνός πια μαζί του.

—Πάμε σπίτι, είπε, να δούμε αν ο νάνος θα μας δώσει κι άλλο μαγικό Γίνε-Καπνός.

Έτσι πήδησαν στο πρώτο τρένο της επιστροφής κι έστειλαν μήνυμα στον Κόκκινο Νάνο. Μα όταν εκείνος άκουσε τι έγινε, γέλασε κοροϊδευτικά και κούνησε το κεφάλι του.

—Όχι, είπε. Το μαγικό Γίνε-Καπνός είναι πολύ ακριβό. Δε σπαταλάω άλλο για σας. Ας δραπετεύσει μόνος του ο Τζινκς αυτή τη φορά. Ας μην ήταν τόσο χαζός και να φορέσει τα κόκκινα παπούτσια. Το 'ξερε πως ήταν μαγικά. Πάντα σε γυρίζουν πίσω, στο κάστρο του Ζαχαρένιου Βουνού.

Τα δυο ξωτικά ήταν πολύ δυστυχισμένα. Κάθισαν στη μεγάλη πολυθρόνα μαζί κι ο Φίφο δεν μπορούσε να σταματήσει τα δάκρυά του που τρέχανε στα μάγουλά του.

Τότε ακούστηκε ένας χτύπος στην πόρτα και μπήκε η νεράιδα Ροδοδάχτυλη. Τα 'χασε μόλις τους είδε τόσο αναστατωμένους.

—Τι έγινε; ρώτησε. Και πού είναι ο αγαπητός μου ο Τζινκς;

Της είπανε — κι εκείνη άκουγε με ορθάνοιχτα μάτια.

—Τι τραγικό! είπε. Πώς να τον σώσουμε;

—Δεν μπορούμε, είπε ο Τάπενι μ' ένα λυγμό, κανένας δεν μπορεί.

—Ω, μα πρέπει να υπάρχει κάποιος τρόπος, είπε η Ροδοδάχτυλη ενώ σκεφτόταν έντονα. Μήπως η γιαγιά μου μου δανείσει το μεγάλο αόρατο μανδύα της; Όποιος τον φοράει γίνεται αόρατος, ξέρετε. Αν πάμε στο Ζαχαρένιο Βουνό, ίσως να καταφέρουμε να βγάλουμε τον Τζινκς έξω, κρυμμένο κάτω από το μανδύα.

—Ω, ας προσπαθήσουμε! είπε ο Φίφο αμέσως. Έτσι η Ροδοδάχτυλη έτρεξε στο σπιτάκι της γιαγιάς της και, μιας και ήταν πάντα πολύ καλή κι ευγενική με την ηλικιωμένη κυρία, εκείνη φάνηκε πολύ πρόθυμη να της δανείσει το μαγικό της μανδύα, αν βεβαίως, της έδινε την υπόσχεση να μην της τον σχίσει.

—Να τος! είπε η Ροδοδάχτυλη βγαίνοντας στην πόρτα. Και τώρα κοιτάτε!

Τύλιξε το γυαλιστερό γαλάζιο μανδύα γύρω

της κι ευθύς εκείνη κι ο μανδύας εξαφανίστηκαν εντελώς. Ήταν θαυμάσιο! Και τα δυο ξωτικά δοκίμασαν το κόλπο και έσκασαν στα γέλια βλέποντας το ένα το άλλο να γίνεται καπνός!

Έφαγαν ένα καλό γεύμα και ξεκίνησαν το απόγευμα για το Ζαχαρένιο Βουνό, κάνοντας διάφορα σχέδια στο δρόμο. Η αντιπαθητική καμήλα ήταν εκεί κι ανέβηκαν όλοι στη ράχη της παρόλο που η Ροδοδάχτυλη φοβόταν λιγουλάκι.

Όταν έφτασαν στα Μπουμπουνοσύννεφα, η Ροδοδάχτυλη έσκαψε λίγο ένα σύννεφο και τους έφτιαξε μια μικρή κρυψώνα για να μην μπορεί ο Γίγαντας να τους δει, αν κοίταζε από το παράθυρο.

—Λοιπόν, αυτό είναι το σχέδιό μου, είπε. Πρώτα θα φορέσω το μαγικό μου μανδύα για να μη με δει ο Γίγαντας. Έπειτα θα πάω να πω στον Τζινκς πως είμαστε εδώ και τι πρέπει να κάνει. Θα γυρίσω εδώ σε σας και θα δούμε τι θα κάνουμε μετά.

Η μικρή νεράιδα έριξε το μανδύα γύρω της κι εξαφανίστηκε στη στιγμή. Πέταξε στο κάστρο και μπήκε από ένα ανοιχτό παράθυρο. Ο Τζινκς ήταν μέσα, δεμένος σ' ένα ποδάρι τραπεζιού με χοντρό σχοινί για να μην κουνιέται. Ο Γίγαντας καθάριζε πατάτες και μιλούσε δυνατά και κοροϊδευτικά στον Τζινκς.

—Τζινκς! Τζινκς! ψιθύρισε η Ροδοδάχτυλη πετώντας χαμηλά κοντά του. Εκείνος ξαφνιάστηκε, αφού δεν έβλεπε κανέναν. Κοίταξε ολόγυρα λιγάκι φοβισμένος.

—Εγώ είμαι, Τζινκς, ψιθύρισε η νεράιδα και του είπε πως εκείνη κι οι άλλοι είχαν έρθει να τον σώσουν. Έχεις σκεφτεί κανένα καλό σχέδιο; συνέχισε.

Ο Τζινκς έβαλε τα δυνατά του, σκέφτηκε και μετά ψιθύρισε στ' αυτί της Ροδοδάχτυλης. Εκείνη έγνεψε με το κεφάλι, του έδωσε ένα φιλάκι στο δεξιό του αυτί και πέταξε έξω από το παράθυρο ξανά, τραβώντας τα μαλλιά του Γίγαντα καθώς περνούσε, κάτι που τον έκανε να τα χάσει αφού δεν έβλεπε κανέναν!

Η Ροδοδάχτυλη είπε στον Φίφο και τον Τάπενι το σχέδιο και συμφώνησαν. Κρύφτηκαν στη μικρή τρύπα του σύννεφου μέχρι να νυχτώσει και τότε βγήκαν έξω προσεκτικά. Ο Τάπενι κι ο Φίφο στάθηκαν ακριβώς έξω από το ανοιχτό παράθυρο και τότε, μ' ένα νόημα της Ροδοδάχτυλης, άρχισαν να κάνουν φασαρία!

Ο Φίφο έκανε ένα θόρυβο σαν δράκος που μούγκριζε από θυμό! Πού να τον ακούγατε! Ήταν στ' αλήθεια καταπληκτικός! Ακόμα κι ο Τάπενι ένιωσε λίγο φόβο, αν και ήξερε πως δεν ήταν παρά ο Φίφο.

Ο ρόλος του Τάπενι ήταν εύκολος. Έπρεπε να φωνάξει όσο πιο δυνατά μπορούσε με την τρανταχτή του φωνή: «Έλα δω, Δράκε! Έλα δω, λέω!»

Βλέπετε, παρίσταναν πως είχε δραπετεύσει ένας δράκος κι είχε έρθει στο κάστρο και πως ο Τάπενι θα προσπαθούσε τάχα να τον πιάσει! Τότε έπαιξε το ρόλο της η Ροδοδάχτυλη. Άφησε το μαγικό μανδύα στον Φίφο που τον είχε έτοιμο για τον Τζινκς, όταν θα έβγαινε. Μπήκε πετώντας από το παράθυρο κι ανοιγόκλεισε τα βλέφαρά της στο φως της εκτυφλωτικής λάμπας που βρισκόταν μέσα στο δωμάτιο.

Ο Γίγαντας είχε πεταχτεί όρθιος από τρόμο μόλις άκουσε το βρυχηθμό αυτού που νόμιζε πως ήταν ένας άγριος δράκος. Ο Τζινκς έκανε κι αυτός το φοβισμένο, αλλά μόνο τον παρίστανε γιατί ήξερε καλά πως δεν ήταν παρά ο Φίφο.

—Ω, παρακαλώ, σε παρακαλώ! έλεγε η νεράιδα με κομμένη την ανάσα στον Γίγαντα παριστάνοντας την πολύ τρομαγμένη. Θα έρθεις να πιάσεις το δράκο; Το έχει σκάσει και δεν μπορούμε να τον πιάσουμε!

—Αποκλείεται να βγω να πιάσω το δράκο! είπε ο Γίγαντας βιαστικά. Εγώ δεν κάνω τέτοια ανόητα πράγματα. Κυνηγήστε τον μέχρι τα πόδια του βουνού αμέσως!

—Μα θέλει να δει εσένα, είπε η Ροδοδάχτυλη.

—Να δει εμένα; είπε ο Γίγαντας που είχε παραλύσει από το φόβο του. Γιατί;

—Λέει πως δεν έχει γευτεί ποτέ του γίγαντα, είπε η Ροδοδάχτυλη.

—Ουουα! ούρλιαξε ο Γίγαντας κι αναρωτιόταν πού να πάει να κρυφτεί. Μα ήταν τόσο μεγαλόσωμος που δεν ήταν δυνατό να κρυφτεί πουθενά. Έχει γευτεί ποτέ του ξωτικό; ρώτησε άξαφνα ο Γίγαντας με ελπίδα.

—Όχι, ποτέ, είπε η Ροδοδάχτυλη.

—Λοιπόν, ρώτα τον αν θα ήθελε να δοκιμάσει το μικρό γλυκό ξωτικό που έχω εδώ, είπε ο Γίγαντας.

Έτσι η Ροδοδάχτυλη το φώναξε αυτό από το παράθυρο κι ο δράκος μούγκρισε με ευχαρίστηση πως θα ήθελε πάρα πολύ να δει το ξωτικό. Τότε ο Γίγαντας έλυσε το σχοινί που έδενε τον Τζινκς στο τραπέζι και το ξωτικό βγήκε τρέχοντας από την πόρτα. Μόλις έφτασε τον Φίφο, έριξε γύρω του το μαγικό μανδύα, τύλιξε μέσα και τον Τάπενι και τον Φίφο που σταμάτησε να μουγκρίζει. Η Ροδοδάχτυλη πέταξε κι αυτή έξω και πήγε κοντά τους.

Χώθηκε κάτω από το μεγάλο μανδύα κι όλοι έμειναν ακίνητοι να δουν τι θα γινόταν.

Ο Γίγαντας ήταν σαστισμένος. Πού είχαν πάει όλοι; Τι είχε απογίνει ο δράκος; Πού ήταν εκείνη η μικρή νεράιδα; Και ξαφνικά κατάλαβε πως τον είχαν κοροϊδέψει! Δεν υπήρχε δράκος! Ήταν απλά κάποιος που μούγκριζε σαν δράκος!

Μ' ένα μουγκρητό ακόμα πιο δυνατό κι από του Φίφο ο οργισμένος Γίγαντας έτρεξε με ορμή και βγήκε από το κάστρο του κρατώντας ένα ισχυρό φανάρι. Μα όσο κι αν έψαχνε, δεν

μπορούσε να δει τη νεράιδα και τα ξωτικά. Ήταν αόρατοι, κάτω από το μαγικό μανδύα.

Ο Γίγαντας έτρεξε ουρλιάζοντας στον κατήφορο μήπως και τους πιάσει — κι αμέσως ο Τζινκς γύρισε γοργά στο κάστρο, άνοιξε ένα ντουλάπι κι έβγαλε τα κόκκινα παπούτσια που ο Γίγαντας είχε βάλει εκεί μέσα όταν τα είχε πάρει από το ξωτικό.

Τα έριξε στο καλάθι του κι έτρεξε να συναντήσει τους άλλους.

—Καλύτερα να κατεβούμε το Ζαχαρένιο Βουνό από την άλλη μεριά, είπε η Ροδοδάχτυλη. Έτσι δε θα πέσουμε πάνω στο Γίγαντα.

Ήταν πολύ πιο εύκολο να κατεβείς από την άλλη μεριά. Γρήγορα έφτασαν στους πρόποδες του βουνού. Είδαν τα δύο κόκκινα φώτα του μικρού τρένου που πήγαινε γύρω από το βουνό και το σταμάτησαν τραβώντας το σήμαντρο για να κάνουν σινιάλο. Μπήκαν μέσα και ξεκίνησαν πολύ κουρασμένοι όλοι τους, πολύ ευτυχισμένοι και πολύ πεινασμένοι.

Έφτασαν στο σπίτι την ώρα που ο ήλιος ανέτελλε. Νύσταζαν τόσο πολύ που μόλις και τσίμπησαν λίγο από τ' αβγά που τους έβρασε η Ροδοδάχτυλη και ήπιαν δυο ρουφηξιές από το κακάο που τους έφτιαξε.

—Ω, Ροδοδάχτυλη, σου χρωστάμε μεγάλη χάρη! είπε ο Τζινκς μισοκοιμισμένος. Ποτέ δε θα ξεχάσουμε τη βοήθειά σου! Απ' ό,τι μας δώσει ο νάνος για τα κόκκινα παπούτσια, θα πάρεις κι εσύ μερίδιο.

Και τι νομίζετε πως τους έδωσε; Μα, το πράσινο αυτοκίνητό του! Έτσι η Ροδοδάχτυλη το μοιραζόταν μαζί τους και πήγε πολλές βόλτες μαζί με τα τρία ξωτικά. Συνήθως οδηγούσε ο Φίφο, γιατί ήταν ο πιο προσεκτικός από τους τρεις κι όταν χαλούσε η κόρνα, έκανε έναν πολύ ωραίο ήχο κόρνας. Ήταν πολύ ωραίο να τον ακούς!

ΤΕΛΟΣ

ΔΙΑΒΑΣΤΕ

ΕΠΙΣΗΣ...

Περιπέτειες
Με την οικογένεια Άλντεν

ΤΕΣΣΕΡΑ ΠΑΙΔΙΑ ΣΕ ΠΕΡΙΠΕΤΕΙΕΣ
ΤΟ ΝΗΣΙ ΤΩΝ ΕΚΠΛΗΞΕΩΝ
ΤΟ ΣΠΙΤΙ ΤΟΥ ΜΥΣΤΗΡΙΟΥ
ΤΟ ΜΥΣΤΗΡΙΩΔΕΣ ΡΑΝΤΣΟ

Ο Χένρι, η Τζέσι, η Βίβιαν και ο Μπένι δεν έχουν ούτε μητέρα ούτε πατέρα. Είναι, όμως, γενναία παιδιά και αποφασισμένα να τα βγάλουν πέρα μόνα τους. Η ζωή τους είναι γεμάτη περιπέτεια. Σε κάθε βήμα τους λύνουν μυστήρια, βρίσκουν κάποιον άνθρωπο που έχει από χρόνια χαθεί, ανακαλύπτουν αρχαία αντικείμενα θαμμένα στην άμμο και ζουν ένα σωρό ενδιαφέρουσες περιπέτειες.

#1
Μυστήρια για μικρά παιδιά
ΠΕΡΙΠΕΤΕΙΑ ΚΑΙ ΜΥΣΤΗΡΙΟ
ΤΕΣΣΕΡΑ ΠΑΙΔΙΑ ΣΕ ΠΕΡΙΠΕΤΕΙΕΣ
ΤΖΕΡΤΡΟΥΝΤ ΤΣΑΝΤΛΕΡ-ΓΟΥΟΡΝΕΡ

#2
Μυστήρια για μικρά παιδιά
ΠΕΡΙΠΕΤΕΙΑ ΚΑΙ ΜΥΣΤΗΡΙΟ
ΤΟ ΝΗΣΙ ΤΩΝ ΕΚΠΛΗΞΕΩΝ
ΤΖΕΡΤΡΟΥΝΤ ΤΣΑΝΤΛΕΡ-ΓΟΥΟΡΝΕΡ

#3
Μυστήρια για μικρά παιδιά
ΠΕΡΙΠΕΤΕΙΑ ΚΑΙ ΜΥΣΤΗΡΙΟ
ΤΟ ΣΠΙΤΙ ΤΟΥ ΜΥΣΤΗΡΙΟΥ
ΤΖΕΡΤΡΟΥΝΤ ΤΣΑΝΤΛΕΡ-ΓΟΥΟΡΝΕΡ

#4
Μυστήρια για μικρά παιδιά
ΠΕΡΙΠΕΤΕΙΑ ΚΑΙ ΜΥΣΤΗΡΙΟ
ΤΟ ΜΥΣΤΗΡΙΩΔΕΣ ΡΑΝΤΣΟ
ΤΖΕΡΤΡΟΥΝΤ ΤΣΑΝΤΛΕΡ-ΓΟΥΟΡΝΕΡ

ΑΝ ΦΑΪΝ – **ΕΠΙΧΕΙΡΗΣΗ ΜΩΡΑ**
Μετάφραση: Μαίρη Κιτσικοπούλου

Το σχολείο αρχίζει!! Αυτό όμως δεν είναι ένα συνηθισμένο σχολείο και η τάξη του Σάιμον δεν είναι μια συνηθισμένη τάξη. Και ποια νομίζετε πως είναι η πρώτη εργασία που τους αναθέτουν; Αυτό δεν πρόκειται να σας το πούμε εδώ, όσο κι αν μας παρακαλέσετε!

Ένα μόνο να ξέρετε. Όταν ήρθε η ώρα να παραδώσει την εργασία του, ο Σάιμον είχε γνωρίσει πια πολύ καλά τον εαυτό του και είχε καταλάβει ένα σωρό πράγματα για τη μάνα του, τον πατέρα του, το περιβάλλον του και τη ζωή που είχε ολόκληρη μπροστά του.

Ελάτε τώρα, μην είστε ανυπόμονοι. Διαβάστε αυτό το καταπληκτικό βιβλίο και θα τα μάθετε κι εσείς.

ΑΝΝΑ ΣΑΦΙΛΙΟΥ –
ΑΠΟ ΤΗΝ ΕΡΗΜΟ ΣΤΗΝ ΑΝΤΑΡΚΤΙΚΗ

Μια παρέα παιδιών που κάποτε ήταν πολύ συνδεδεμένα, έκαναν πολλή παρέα και περνούσαν μαζί τις διακοπές τους, συναντιούνται ύστερα από δέκα χρόνια. Είναι πια μεγάλοι, κάνουν όλοι τους μια δουλειά που αγαπούν και ζουν σε διάφορες χώρες του κόσμου. Η συνάντησή τους μετά από τόσο μεγάλο διάστημα τους φέρνει μεγάλη συγκίνηση, προσπαθούν να γεφυρώσουν το κενό και υπόσχονται στον εαυτό τους να μην αφήσουν την καθημερινή ζωή να τους απομακρύνει ξανά.

ΑΝΝΑ ΠΙΖΑΝΗ –
ΤΟ ΝΗΣΙ ΜΕ ΤΟΥΣ ΠΕΡΙΣΤΕΡΙΩΝΕΣ

Δυο φιλικές οικογένειες αποφασίζουν να κάνουν μαζί διακοπές στην Τήνο. Οι γονείς κάνουν παρέα και τα τέσσερα παιδιά ανακαλύπτουν τις ομορφιές του νησιού, επισκέπτονται ιστορικά μέρη και μαθαίνουν ένα σωρό πράγματα. Δεν τους λείπουν, όμως, και οι περιπέτειες. Κάπου υπάρχει κρυμμένος ένας θησαυρός. Θα τον βρουν άραγε; Ή μήπως κινδυνεύει από τους επίδοξους κλέφτες;

ΠΑΟΥΛ ΜΑΑΡ –
ΜΙΑ ΕΒΔΟΜΑΔΑ ΓΕΜΑΤΗ ΣΑΒΒΑΤΑ
Μετάφραση: Μίρκα Κονδάκη

Τρελό, τρελούτσικο, χαριτωμένο, και συναισθηματικό, το μικρό μας ξωτικό κάνει ό,τι μπορεί για να ανακατέψει τον κόσμο όλο.

Διαβάστε για τις μικρές του σκανταλιές και την τρυφερή καρδιά του και θυμηθείτε. Δεν έχει πει ακόμη την τελευταία του λέξη.

ΑΡΓΥΡΩ ΑΛΕΞΑΝΔΡΑΚΗ –
ΟΙ ΘΗΣΑΥΡΟΙ ΤΗΣ ΧΡΥΣΟΠΗΓΗΣ

Έγιναν τόσα και τόσα εκείνο το καλοκαίρι στη Χρυσοπηγή. Με πολλή περιπέτεια και... μυστήριο! Η Κάτια τα κατέγραψε στο προσωπικό της ημερολόγιο για να ενημερώσει την αγαπημένη της γιαγιά. Τελικά, οι μικροί αναγνώστες αυτού του βιβλίου, θα μάθουν πολλά.

Η δράση των ηρώων και οι περιπέτειές τους θα τους χαρίσουν ατέλειωτες ευχάριστες στιγμές.

Εκδόσεις ΨΥΧΟΓΙΟΣ Α.Ε.
Μαυρομιχάλη 1
106 79 Αθήνα
Τηλ. 3602535 - 3618654 - 3636011
Telefax: 01/3640683